平岡 聡
Hiraoka Satoshi

筑摩選書

〈業〉とは何か

行為と道徳の仏教思想史

〈業〉とは何か――行為と道徳の仏教思想史　目次

略号表

AKBh: *Abhidharmakośabhāṣyam of Vasubandhu* (Tibetan Sanskrit Works Series 8), ed. P. Pradhan. Patna, 1975.

AKV: *Abhidharmakośavyākhyā*, ed. U. Wogihara, Tokyo, 1932–1936.

AN: *Aṅguttaranikāya*, 6 vols., PTS.

BhV: *Bhaiṣajyavastu, Gilgit Manuscripts* 3-1, ed. N. Dutt, Srinagar, 1947.

Dhp: *Dhammapada*, PTS.

Dhp-a.: *Dhammapadaṭṭhakathā*, 4 vols., PTS.

Divy.: *Divyāvadāna: A Collection of Early Buddhist Legends*, ed. E. B. Cowell and R. A. Neil. Cambridge, 1886 (Reprint: Amsterdam, 1970).

DN: *Dīghanikāya*, 3 vols., PTS.

Jā.: *Jātaka*, 6 vols., PTS.

Jm: *Jātakamālā or Bodhisattvāvadānamālā by Āryaśūra*, ed. H. Kern, Boston, 1891.

Kv: *Kathāvatthu*, PTS.

Mil.: *Milindapañho*, PTS.

MN: *Majjhimanikāya*, 4 vols., PTS.

PTS: Pali Text Society.

Pv: Petavatthu, PTS.

SBhV: *The Gilgit Manuscript of the Saṅghabhedavastu* (Part 2), ed. R. Gnoli, Rome, 1978.

Sn: *Suttanipāta*, PTS.

SN: *Saṃyuttanikāya*, 6 vols., PTS.

Sukh.: *Sukhāvatīvyūha*, ed. A. Ashikaga, Kyoto, 1965.

T.: *Taishō Shinshū Daizōkyō*, ed. J. Takakusu and K. Watanabe et al. 55 vols., Tokyo, 1924–1929.

Th.: *Theragāthā*, PTS.

Ud.: *Udāna*, PTS.

Vin: *Vinayapiṭaka*, 5 vols., PTS.

〈業〉とは何か——行為と道徳の仏教思想史

はじめに

本書は、仏教の業思想を扱う。中国で「業」と訳される原語は、サンスクリット（インド古典標準語）で「カルマン（karman）」である。$\sqrt{\text{kṛ}}$（作る／為す）という動詞から派生した名詞なので、本来は「行為」を意味し、「儀式（この場合は、音写して「羯磨《かつま》」と漢訳される）」の意でも用いられる。

日本人には馴染みの深い「業」という漢字。訓読みすれば「わざ」、音読みすれば「ぎょう」あるいは「ごう」となる。「業」を用いた熟語はかなりあるが、「ぎょう」と「ごう」では、ずいぶんその表情が異なる。

「ぎょう」と読めば、「業界／業者／業種／業務／事業／企業」など、いずれも「仕事」に関連したものが多い。では、「ごう」はどうか。「業因／業果／業火／業苦／業垢／業障／業病／業風／業厄／業力／宿業」など、そのニュアンスはいずれも暗くて重いものばかりだ。

「業人」を「わざびと」と読めば、「技術・技芸の優れた人」を意味するが、「ごうにん」と読めば、「前世の悪業の報として苦難を受ける人／悪業を行う人」となり、読み方一つで意味内容が見事に反転してしまう。

また業の慣用表現を拾ってみると、「業が深い」「業が煮える」「業に沈む」「業を曝す」「非業の死をとげる」など、後ろ向きな表現ばかりが目につく。

日本の浄土教で「宿業《しゅくごう》」は重要な意味をもち、自ら積んだ業であるにもかかわらず、自分ではいかんともしがたい宿命論的な響きをもつ。宿業は本来、「過去世で積んだ業」というほどの意味だが、徐々に「過去世で積んだ悪業」を含意するようになるので、キリスト教（西方教会）の「原罪」に近くなる。

しかし、キリスト教の原罪と仏教の宿業は根本的に違う。キリスト教では、神が人間を創造し、アダムとイヴが禁断の木の実を食べ、神の命令に背いた罪（原罪）を全人類が背負うとされる。つまり、人間は我々の祖先が犯した、身に覚えのない罪を引き継ぐことになるのである。

一方、仏教はキリスト教のような創造主としての神を認めないので、人を作るのはその人の過去の業であり、業が人を再生産すると説く。そして、その業はすべて人によって異なっているのでそれぞれ個別的であり、背負うべき宿業もすべて人によって異なる。ここがキリスト教の原罪（人類に共通の罪）と根本的に違う点であろう。

また、業は自分が自らの意思で行うので、自己責任がともなう。たとえ現世では身に覚えがなくても、その悪業は自分が過去世で積んだことになっているので、他者のせいにはできない。この「自己責任」も仏教の業思想の大きな特徴だ。

さて、日本では極めて重い意味をもつ業や宿業だが、仏教の発祥地インドでどのように誕生し、いかに展開してきたのか。業思想は後代の文献では複雑化し、精緻な議論が展開されるが、ここではそれに立ち入らず、比較的初期に成立したと考えられる文献の記述を手がかりに、インド仏教における業思想の基本的な輪郭（アウトライン）を描きだしてみたい。それが本書の使命（ミッション）である。

インド仏教の業思想は、日本仏教のみならず、我々の生き方を考える上できわめて重要であるにもかかわらず、手ごろな入門書がない現状に鑑《かんが》み、長年インド仏教の業報説話を研究してきた一人として、本書を上梓《じょうし》する次第である。

凡例

(一) 歴史的Buddha、すなわち釈迦牟尼《しゃかむに》(=ガウタマ・シッダールタ=ゴータマ・シッダッタ)仏は「ブッダ」とカタカナ表記し、その他のBuddhaは「仏」と漢字表記する。ただし、慣用表現については、「ブッダの滅後」ではなく「仏滅後」、「ブッダの弟子」ではなく「仏弟子」、「ブッダの伝記」ではなく「仏伝」と漢字で表記する。

(二) 経典名等の表記について、括弧《かっこ》〈 〉でくくる場合は、その経典の総称を意味する。つまり、〈無量寿経《むりょうじゅきょう》〉はインド原典・チベット訳・漢訳などをすべて含んだ総称、また『無量寿経』は康僧鎧《こうそうがい》訳の漢訳経典を意味し、両者を区別する。なお、「般若経《はんにゃきょう》」は般若に関するさまざまな個別の経典の総称として用いるので、〈 〉ではくくらず、単に般若経と標記する。

(三) 仏教を研究する上で重要なインド原語は、古典標準語となるサンスクリットと、その方言の一種であるパーリの二つであるが、本書においてインド語に言及する必要がある場合は、(サンスクリット/パーリ)の順とする。サンスクリットとパーリが同形の場合、また両方に言及する必要がない場合は、サンスクリットのみを出す。

(四) 散文と韻文《いんぶん》では、原典からの訳の調子を変えている。散文は通常の現代語、韻文はやや古語的にしてある。

(五) 訳中の「 」は話した内容、〈 〉は考えた内容を表す。

(六) 引用を除き、固有名詞はサンスクリットの読みを採る。

序章

本書を読む前提

一　本書の視点と概要

科学と仏教学

研究には、さまざまなアプローチがある。何かを論証するにしても、統計や実験データを使う場合、アンケート結果を用いる場合、また物的証拠を使用する場合など、学問分野によってそれぞれ異なる。では、仏教学はどうか。仏教学は基本的に歴史学であり、人類史上に現れた仏教という文化現象の諸相を歴史的に究明する。

さて、ここで解説するのは、仏教の業思想および輪廻《りんね》の思想である。その業や輪廻の思想を「仏教学」という立場から整理する。つまり、業や輪廻が古代のインドにおいていかに誕生し、どう伝承され、どのような展開をとげてきたかを、〈歴史的に〉あきらかにするのであり、〈自然〉科学的に〉ではない。

最近、仏教と自然科学の接点を論じた書も散見する。造物主（神）を認めるなら、「世界は神によって創造された」ですべては片づくが、造物主を認めない仏教は、世界を理解するために知性・理性を働かせて論理的に思考することになるので、その思考法は自ずと科学的になる。よって、両者の接点を指摘したり、また仏教を自然科学的に研究することも、仏教の特徴を解明する一つの方法である。

西方極楽浄土《さいほうごくらくじょうど》の存在を確認するため、西に向けて宇宙にロケットを飛ばすのはあきらかにやり過ぎだが、坐禅する僧侶の脳波を測定し、脳科学の観点から覚《さと》りを究明することもある。あるいは、トランスパーソナル心理学の立場から、「生前記憶」をもとに生前の世界があることを究明したり、「臨死体験」に基づいて死後の世界を証明しようとすることもあろう。

だが、ここで用いる学的方法は仏教学であり、自然科学ではない。本書は、たとえば、「輪廻する主体は実際に何か」を科学的に論証するのではなく、「古代のインドでは何が輪廻すると考えられていたのか」を歴史的に究明することになる。

したがって、「客観的事実として何が輪廻するのか」、「輪廻の主体は科学的に証明できるのか」、「輪廻の領域である六道《ろくどう》は実際に存在するのか」、あるいは「業報因果説は普遍的で自然科学的な法則たりうるのか」などに興味をもっている人の期待に、本書はいっさい応えることができない。

たしかに仏教の思考法は論理的であるが、科学とはその目的が異なる。科学は客観的事実、あるいは客観（普遍）的真理の究明を目的とするが、仏教は覚り（苦からの解脱）を目指し、そのための説明原理（手段）として、さまざまな教理を確立する。その分析や結果が科学と重なるところもあるが、客観（普遍）的真理の究明が仏教の目的ではない。

仏教徒は、覚りへの道程を説明する中で、ブッダおよび先達の確立した教理をふまえ、そこに自らの体験から得られた知識をすり合わせながら、業思想を深化させ体系化していった。現在の学問的成果に照らせば科学的でないことも含まれているが、「なるほど、そういう説明もあるのか」と納得できるものもある。

というわけで、本書は、業思想、そして業報輪廻思想を、あくまで仏教学という視点から歴史的にあきらかにすることを断っておく。

仏教と仏教学

さらに、ここで仏教と仏教学の違いにもふれておこう。この違いを理解することも、本書の立場を理解する上で重要である。たった一文字「学」がつくのとつかないので、どのような差が生じるのか。

それは、そこに価値観（「善／悪」や「正／誤」）をもちこむかどうかで決まる。仏教は宗教であり、したがって信仰の世界であるから、そこには当然、何らかの価値観に基づいた取捨選択が行われる。日本の宗派の真言《しんごん》・禅《ぜん》・念仏《ねんぶつ》・題目《だいもく》などの行《ぎょう》も、信仰する上では、自分の価値観に基づいてどれか一つが選択され（あるいは組み合わされ）、序列づけられる。

しかし仏教学に価値観をもちこむことは許されない。仏教史の中から、正しい仏教を選んだり、誤った教義を断罪するのが仏教学の目的ではないのである。仏教学はあくまで、人類史上に現れた仏教という文化現象の諸相を歴史的に究明するだけで、それに「正しい／誤り」「善い／悪い」の判断を下すことはない（ただし、学説には「正／誤」の判断を下します）。

業に関して言えば、「仏教は無我《むが》説を説くので、業報輪廻説は仏教の教説として間違っている」、「業報輪廻説こそ仏教の中心教義であるから、間違っているのは無我説の方だ」などの主張は、仏教学の（少なくとも本書の）埒外《らちがい》である。

本書が扱うのは、仏教の歴史において、業思想がどのように芽生え、どのように展開していったかを辿《たど》るだけであり、その展開が正しいとか誤っているという判断を下すことはない。

本書の概要

次に、本書の概要を示しておこう。何ごともこの現実世界で起こることは、時間と空間の制約を免れない。換言すれば、この現実の時間と空間を無視しては何ごとも存在しえないのである。紀元前五世紀頃に誕生した仏教、そしてその教えである業思想も、〈古代〉の〈インド〉という〈時〉〈空〉の中でその姿を現した。

よって、まずは仏教が誕生する以前のインドで、業思想はいかに誕生し展開したのかを理解する必要がある。業思想は仏教の専売特許ではないので、第一章では、紀元前十二世紀頃にアーリア人がインドに侵入し、バラモン教に基づく宗教を打ち立ててからの宗教において、業思想がどのように誕生し展開したのかを概観する。

それをふまえ、第二章以降では、本題となる仏教の業思想を扱う。まず第二章では伝統仏教（後述）の業思想を、まず「総論」として説明し、つづく第三章では伝統仏教の業思想の「各論」

を解説する。業はさまざまな観点からの分析や分類が可能だが、その中から基本的な枠組みにしぼって解説を加える。

第四章は、伝統仏教の説話文献に見られるブッダと業の関係を考察する。教祖ブッダは業を超越した存在なのか、あるいはブッダさえも業報の原理原則は超克できないのかを、説話文献の用例を手がかりに探ってみたい。これは当時のブッダ観を考える上で、一つの手がかりを提供してくれよう。

第五章は大乗《だいじょう》仏教の業思想を扱う。大乗仏教では、それまでの伝統仏教の原理原則を越えた大乗特有の業思想が展開される。自業自得を原則とする仏教の業思想が、大乗仏教の時代を迎えると、どうして変容をとげたのか。その背景には何があったのかを見ていく。

そして第六章は、第五章までとは違った立場をとる。第五章までは、従来の仏教学が積み上げてきた学問的知見に基づき、主要な思想を解説するが、第六章では仏教学の枠組みを少し逸脱《いつだつ》し、現代社会の諸問題を業思想の観点から眺める。眺めるのは私（平岡）なので、そこには私自身の解釈（恣意性）が入るが、たんに仏教の業思想を客観的に解説するだけでは私もおもしろくないし、読む方もつまらないだろう。

仏教は、悩める人間が現実の苦から解脱することを目指す宗教であるから、現実的な生と深い結びつきをもっている。とりわけ大乗仏教は社会性の強い性格をもつから、社会の諸問題とも深く関わる。よって、仏教学という学問の枠組みから少し外れ、社会の諸問題と仏教の業思想はどう関わるのか、また仏教の業思想が有する現代的意義は何か、についても考えてみたい。

ときには解釈を誤ることもあろうが、それは読者が判断し批評すればよい。それによって、仏教の業思想と現代社会の問題に関する深い理解や新たな知見が読者に創造されるなら幸甚《こうじん》である。そして終章では、仏教の業思想を総括する。

最後になったが、本書の特徴について一言しておこう。それは、経典の引用に加え、説話の用例を多用している点にある。私は長年インド仏教説話（とくに業報説話）の研究をしてきたので、難解な教理を説明するさいには、それを裏づけるような説話を多く紹介するつもりである。

二　インド仏教の歴史と典籍

インド仏教史

本論に入る前に、その前提としてインド仏教史と仏教の典籍について簡単にふれておく。本書は入門書ではあるが、インド仏教に関する最低限のことはおさえておきたい。まずはインド仏教史とその時代区分から。

今から約二千五百年前、ブッダは三十五歳で覚りを開き、その教えを五人の修行者に説いたことで、仏教という宗教がインドでスタートした。それ以降、ブッダは八十年の生涯を閉じるまでの四十五年間、インド各地を遊行《ゆぎょう》し、布教に専心した。

弟子たちの活躍や在家信者の支援もあり、仏滅後、仏教はインド全域に拡がる宗教に発展していったが、最初にインド全土を統一したアショーカ王が仏教を庇護《ひご》したことも、その大きな要因だったと考えられる。

仏滅後、こうして多くの人間が出家して組織が拡大し、その教団運営も複雑化すると、宗教的価値観や修行に対する見解も多様性を帯びてきた。ブッダという絶対的な権威をもつ教祖も、今や存在しない。となると、教団の和合を乱す危険因子は時代とともに増大していったと推測される。このような状況を背景に、教団が分裂するという事態が生じた。

その要因の一つに、戒律に関する解釈の相違があげられる。ブッダが制定した戒律によれば、比丘《びく》（出家者）は金銭にふれてはいけなかったが、貨幣経済の発達にともない、食物や衣の他に、金銭が布施《ふせ》として比丘に渡されるようになる。こうして金銭の授受をめぐり、比丘の中で意見が対立するようになった。

年代的にブッダに近い長老たちはブッダの教えを忠実に守ろうとし、金銭の布施をうけ取ることを拒否したが、若い世代の比丘たちは戒律を柔軟に解釈し、金銭のうけ取りを許容しようとした。

金銭の授受だけではなかったが、さまざまな戒律の見解の相違から、ついに教団を二分するまでに対立が激化し、ついに戒律を厳密に遵守しようとする上座部《じょうざぶ》と、戒律解釈に柔軟な大衆部《だいしゅぶ》とに教団が分裂した。これを根本分裂と言う。

　こうして、いったん二つに分裂した教団は、その後、分裂に分裂を重ね、最終的に十八乃至二十のグループ（部派）が誕生した。上座部系では、南方上座部、説一切有部《せついっさいうぶ》、法蔵部《ほうぞうぶ》、化地部《けじぶ》、犢子部《とくしぶ》、正量部《しょうりょうぶ》、また大衆部系では説出世部《せつしゅつせぶ》といった部派が存在していた。

　本書を読み進めるに当たっては、上座部系の南方上座部と説一切有部とが重要である。両部派とも大部の資料が現存するので、本書でもこの二つの部派（とくに初期経典については南方上座部）の資料をおおいに活用する。

　さてこのような部派が林立する紀元前後、インド仏教に新たな動きが芽ばえた。大乗仏教の興起である。大乗仏教がどのように誕生したかは、まだ不明な点が多い。かつては仏塔《ぶっとう》に依止《えじ》する在家信者が大乗仏教の担い手と考えられた時期があった。

　しかし、最近では、部派の比丘たちのうち、出家・在家を含め、誰でも仏になれるという理想を掲げた者たちによって、まず大乗経典が創作され、四世紀以降は、教団組織も従来の部派とは別離し、独自の教団が組織されたと考えられている。

　紀元前後以降、大乗仏教には千年以上の歴史がある。その後期にはヒンドゥー教の影響を受けて密教化し、一二〇三年、ヴィクラマシーラ寺院がイスラム軍の攻撃をうけてインドから仏教が消滅した。

時代区分の問題

以上が、インドにおける仏教史の概要であるが、この歴史を学問的な対象にする場合、時代区分が問題になる。区切りの入れ方によって、過去の歴史そのものが変わるわけではないが、評価や解釈は変わってくる。

従来は、ブッダの時代から教団分裂するまでの仏教を初期仏教（原始仏教）、部派が分裂した後の仏教を部派仏教（アビダルマ仏教・小乗仏教）、そして紀元前後に興起した新たな仏教を大乗仏教と、三区分するのが一般的だった。

しかし、この時代区分に用いられる呼称は、命名に関して一貫性がない。初期仏教とは時間を意識した呼称、次の部派仏教は教団の存在形態からみた呼称、そして大乗仏教は、それまでの仏教を小乗仏教と蔑称《べっしょう》し、自らの仏教を称揚《しょうよう》した価値観を含む呼称となっているからである。

このような時代区分を批判したのが三枝［1990］である。仏教を、西洋哲学・キリスト教・イスラム教・中国思想とともに、一個の普遍思想としてとらえようとした三枝は、仏教にも概括的な時代区分が必要だと考え、西洋哲学史の古代・中世・近世と符合させるべく、インド仏教史を初期・中期・後期の三つに分割することを提案した。その三区分の内容は以下のとおりである。

（一）初期……ブッダの時代から教団が分裂するまでの時期

（二）中期……教団が分裂（アショーカ王の即位頃）してから初期大乗経典などが創作された四世紀初頭までの時期

（三）後期……グプタ王朝が成立した紀元三二〇年から一二〇三年のヴィクラマシーラ寺院破壊までの時期

後ほどあらためて指摘するが、初期仏教と部派仏教の境界は曖昧《あいまい》であるため、従来の「初期仏教・部派仏教・大乗仏教」という三分法は使わない。しかし、大乗仏教以前と以後では、本書で扱う業思想にも大きな違いが認められるので、三枝の提起した「初期・中期・後期」という区分では、その境界が明確にならない。

そこで本書では、初期仏教と部派仏教の二つをあわせて「伝統仏教」とよび、初期仏教に相当する時期は伝統仏教初期、部派仏教に相当する時期は伝統仏教後期とする。そして、伝統仏教の対立項として大乗仏教という呼称を用いる。

仏教の典籍

つづいて、仏教の典籍について整理しておく。一般に「初期経典」という言葉を使うが、これには注意が必要だ。初期経典と言えば「初期仏教の経典」という印象を与えるが、初期仏教という時代区分は可能でも、その時代に直接トレースできる経典は存在しないからである。以下、その理由にふれながら、仏教の典籍についてまとめてみよう。

ブッダの死後、ブッダの教えが散逸することを防ぐため、仏弟子カーシャパが五百人の阿羅漢《あらかん》を集め、自分自身が座長となってブッダの教えをまとめた。ここでは、ブッダが制定した規則（律）はウパーリンが、教え（法）はアーナンダが誦出《じゆしゆつ》し、それが同席していた阿羅漢たちによって「法と律」として認められた。アーナンダが誦出した法は経蔵《きようぞう》に、またウパーリンが誦出した律は律蔵《りつぞう》にまとめられる。

やや時代が下ると、この経と律に対して仏弟子たちが注釈を加えた典籍が産みだされる。これを論蔵《ろんぞう》と言う。これは経蔵や律蔵と違って仏説ではないが、ブッダの教えを理解するうえで貴重な情報を提供してくれる。

たとえば、説一切有部の思想を伝える論書〈倶舎論《くしやろん》〉は、概念定義を明確にしているので非常に有益であり、本書でもおおいに活用する。ともかく、仏説の経蔵や律蔵に論蔵を加えて三蔵《さんぞう》と称し、この三蔵を以《もつ》て仏教の典籍の総称とするのである。

さてこの三蔵は、教団の分裂後、各部派によって伝承された。最後の論蔵は部派分裂後に制作されているので、部派の特殊性が色濃く反映されて当然だが、経蔵と律蔵は本来一つだったので、部派ごとに伝持されていると言っても、各部派がまったく異なる経蔵と律蔵を有していたわけではない。

しかし伝承の過程で、その部派特有の思想や文化に影響を受けた可能性は否定できないので、各部派の経蔵や律蔵の内容がまったく同じというわけでもない。経蔵や律蔵にも部派の〈色〉がでるのである。

教団分裂によって誕生した二十の部派は、それぞれ独自の三蔵をもっていたはずだが、残念ながらその各部派の三蔵がすべて現存しているわけではない。現存資料という観点から諸部派の中でもとくに重要なのが、先ほど指摘した南方上座部と説一切有部なのである。

ここで重要な点を確認しておこう。それは、部派というフィルターの通らない経蔵と律蔵は存在せず、したがって部派分裂前に成立した経や律には直接ふれることができないということである。これが先述した「初期仏教と部派仏教の境界が曖昧」の意味である。では、現存する南方上座部の経蔵をまとめておこう。

（一）『長部《じょうぶ》（Dīghanikāya）』：比較的長い内容の経典の集成
（二）『中部《ちゅうぶ》（Majjhimanikāya）』：中くらいの長さの経典の集成
（三）『相応部《そうおうぶ》（Saṃyuttanikāya）』：テーマ別にまとめた経典の集成
（四）『増支部《ぞうしぶ》（Aṅguttaranikāya）』：数に関する教説を集めた経典の集成
（五）『小部《しょうぶ》（KN: Kuddhakanikāya）』：その他の経典の集成（十五の独立した経典が含まれている。以下、本書で引用する文献のみを挙げる）
・『経集《きょうしゅう》（Suttanipāta）』

・『法句経《ほっくきょう》（Dhammapada）』
・『長老偈《ちょうろうげ》（Theragāthā）』
・『長老尼偈《ちょうろうにげ》（Therīgāthā）』
・『自説経《じせつきょう》（Udāna）』
・『生　経《しょうきょう》（Jātaka）』
・『ミリンダ王の問い（Milindapañha）』
・『論事《ろんじ》（Kathāvatthu）』

次に律蔵だが、本書を読むに当たっては、南方上座部の律蔵と（根本）説一切有部の律蔵に言及しておけば充分だろう。

（一）『パーリ律蔵』……南方上座部
（二）根本有部律《こんぽんうぶりつ》……（根本）説一切有部
インド原典：Mūlasarvāstivāda-vinaya
漢訳：『根本説一切有部毘奈耶《こんぽんせついっさいうぶびなや》』
蔵訳：'Dul ba gzhi

第一章

インド宗教における業思想

一　ブッダ以前

古代インドの時代区分

ここではまず、インド宗教における業思想をとりあげる。というのも、業思想は仏教の専売特許ではないからだ。いかなる思想もそうだが、何の脈絡もなく、また他からのいかなる影響も受けずに醸成される思想は存在しない。いかなる思想も、時代と地域という制約を受けて誕生する。そこで、まずは〈地〉としてのインド思想や宗教の業思想を押さえた上で、そこに〈図〉として浮かび上がってくる仏教の業思想を説明する。

先学の研究によれば、インドにはムンダ人やドラヴィダ人といった土着の民が住んでいたが、そこにコーカサス地方に住んでいた遊牧民のアーリア人が民族移動してインドに侵入し、原住民を制圧すると、聖典『リグ・ヴェーダ』に基づくバラモン教という宗教を確立した。紀元前十二世紀頃のことらしい。以来、バラモン教はインドの正統宗教となり、これが土着の宗教と混淆《こんこう》することでヒンドゥー教が誕生した。

よって、バラモン教はインド文化の基礎となっている宗教であり、その聖典は『リグ・ヴェーダ』を核とする四つのヴェーダ聖典、それに付随してブラーフマナ文献群（ヴェーダの注釈書）やウパニシャッド文献群（バラモン教に関連する哲学書）が存在する。以下、ブッダ以前の、各文献の成立のおおよその時代区分とその時代の特徴を示すと、次のようになる（中村［1968:16-26］）。

ヴェーダ時代（紀元前一二〇〇～一〇〇〇）

『リグ・ヴェーダ』（神々に対する讃歌の集成）に続き、『サーマ・ヴェーダ』（歌詠の集成）、『ヤジュル・ヴェーダ』（祭詞の集成）、そして『アタルヴァ・ヴェーダ』（呪法に関する句の集成）が編纂され、祭祀が重要視された。なぜなら、祭祀の中で神々（多神教）に讃歌を送って神々を喜ばせ、それによって現実的な生活上の幸福を得ることができると考えられたからである。

ブラーフマナ時代（紀元前一〇〇〇～八〇〇）

この時代になると、司祭者（バラモン）たちは、もはや神々に奉仕する敬虔な司祭者ではなく、その呪力によって神々をも駆使する呪術者となった。またこの時代には世界創造神として造物主（Prajāpati）という根本神格が登場した。

初期ウパニシャッド時代（紀元前八〇〇～五〇〇）

ウパニシャッド（Upaniṣad）とは「近くに坐る」を原意とし、転じて「秘密の教え」を意味する。この時代には司祭者（バラモン）階級にも混血が起こり、原住民の宗教観念も取り入れたため、正統的な思想は変容し、当時、勢力を伸張しつつあった王族（クシャトリア）が司祭者に影響を及ぼすという逆転現象も見られた。山下［2014: 181］はウパニシャッドを、「バラモン教の祭式至上主義に対するアンチテーゼとしての側面も持っている」と指摘している。

なお、この時代に「梵我《ぼんが》一如《いちにょ》」の思想が登場する。これはブラフマン（根本原理）とアートマン（個我）とが究極的に一如（同一）であるとするもので、輪廻の主体を考える上で重要なアートマンが姿をみせた。これは、それまで思考の中心が神（外）であったものから人間個人（内）へとシフトしたことを意味する。「自我の目覚め」と言うべきであろうか。

各時代の業思想

ではこれをふまえ、まずはこれらの文献において、業思想がどのように説かれているかを概観していく。結論を先取りすれば、最初期の文献であるヴェーダには輪廻に基づく業思想、あるいは業報思想は見てとれない。輪廻と関連する来世観については、辻［1970: 229］の指摘に耳を傾けてみよう。彼は『リグ・ヴェーダ』の中で、ヤマ（死者の王）の讃歌を翻訳するさい、次のような解説をそえている。

当時の来世観によれば、地上で長寿を保ったのち、ヤマの世界に到達し、祖霊（ピトリ、祖先）と共に享楽することを理想とした。後世来世観の変化に伴い、その領土は地上に移り、ヤマはもっぱら死の神・悪業の懲罰者となり、仏教においては閻魔天《えんまてん》として知られる。

また梶山［1989: 20］は、次のように説明する。

インドに入ったアーリア人は輪廻説というものは持っておりませんで、ひじょうに楽天的な考え方をしておりました。人は死ねば「ヤマ」の国に行く。「ヤマ」の国というのは、光明に溢れ、涼しい樹陰に恵まれ、酒食歌舞に充ちた楽園である、そういう楽園に行って、永久に楽しく暮らせるのだ、そういう素朴な死生観、他界観念を持っていた。

このように、ヴェーダ聖典成立の時点では、輪廻を前提とした倫理的な意味での業思想はまだ熟していなかったようだ。ヤマの世界に行くには善行（功徳）を積む必要があったが、その具体的な内容は「祭祀の実行」であり、我々がここで問題としているような倫理的な意味での善行ではなかった。またヤマの国から死没するという観念もなく、したがって輪廻という観念も見られない。

しかし、時代が下り、ブラーフマナ文献が成立するころになると、このような来世観に変化が見られるようになる。中村［1968: 22］はこれを次のように説明する。

〔ブラーフマナ時代の〕来世の観念を見るに、この世で功徳を積んだ者は、来世に福楽を享受する。だから祭祀を実行せねばならぬ、と考えた。善業を積んだ死者がヤマの王国に赴くと考えたことはリグ・ヴェーダにおけると同様であるが、天界における福楽は永久に継続するものではなくて、或る場合には天界において再び死ぬこともあると考えて、再死（punarmṛtyu）を極度に恐れ、それを避けるために特別の祭祀を実行し、種々の善業を修した。死後における応報の観念もようやく明らかになりつつあった。

ブラーフマナ時代になると、再死、つまり輪廻の観念が芽ばえたが、それを避けるための善業は依然として祭祀であり、人間の側の倫理観はまだ神が中心となっているので、主体的な意味での業思想はまだ熟していなかったと言うべきであろう。

ヤージュニャヴァルキヤの説

ウパニシャッドの時代にはいると、梵我一如の思想が登場し、輪廻の主体となるアートマン（我）が考えだされ、それと軌を一にして業報や輪廻思想も本格的に整備されるようになる。

ここでは、ウパニシャッド時代の哲人ヤージュニャヴァルキヤの説を紹介しよう。ウパニシャッド文献も多数存在するが、その中で比較的初期に編纂されたと考えられる『ブリハッド・アーランニャカ・ウパニシャッド』(4.4.5)に彼の説が見られる。

まずは業の思想について。

> 人は、為すとおりになる。人は行うとおりになる。善を為す人は善人となる。悪を為す人は悪人となる。善業によって人は善くなり、悪〔業〕によって人は悪くなる。実に人々は言う、「この人間は欲からだけから成る」と。人は欲するとおりに、そのような意図を有する者になる。人は意図するとおりに、その業を行う。人は自己がなす業に応じて、それになる(Olivelle [1998: 120.9–12])。

ようやくここにきて、倫理的な意味での業思想が説かれる。では次に、輪廻の思想がどのように説かれているかを確認してみよう。同じく『ブリハッド・アーランニャカ・ウパニシャッド』(4.4.3)から引用する。

> たとえば、毛虫が草の葉の端に行くと、別の足場〔葉先〕に〔前身を〕乗り移らせてから、自己〔の後身〕を引き寄せるように、まさにこのように、この自己はこの身体を破壊して、それを無知の中へ入れさせ、別の足場〔生存〕に〔前身を〕乗り移らせてから、自己〔の後

身〕を引き寄せる（Olivelle［1998: 120.1–2］）。

原文の直訳だとわかりづらいが、要は虫が葉の先端まで行ってそれ以上進めなくなると、次の葉に乗り移ることを意味している。つまり、虫自体が輪廻の主体であるアートマンであり、葉はそのアートマンの宿る肉体ということである。

こうして葉（肉体）を乗り換えながら、虫は生存を繰り返すというわけである。これは輪廻を概論的に示しているが、その過程を詳細に説いたのが、次に紹介する「五火二道説《ごかにどうせつ》」である。

五火二道説

ウパニシャッド文献の中には、王族（クシャトリア）が司祭者（バラモン）に教えを説くという話が散見されるが、これもまさにその典型例である。ここではプラヴァーハナ国王がバラモンのウッダーラカ・アールニに対し、五火二道説を以て人間の死後の在り方を説いて聞かせるという筋立てになっている。以下、『ブリハッド・アーランニャカ・ウパニシャッド』（6.2.16）から紹介しよう。

さて、祭祀と〔祭官への〕布施と禁欲とによって〔天の〕世を勝ち取る人々は、煙の中に入り、煙の中から夜に、夜の中から欠けつつある半月に、欠けつつある半月の中から太陽が南に行く六箇月に、それらの月の中から祖先の世界に、祖先の世界の中から月に〔入る〕。彼らは月に到達して食物になる。

神々はソーマ王（月）に対して、「満ちよ！　欠けよ！」と言うように、〔神々〕はそこにおいて彼らを食べる。彼らにとってそれが過ぎ去ると、彼らはまさにこの虚空に入り、虚空の中から風に、風の中から雨に、雨の中から大地に〔入る〕。彼らは太陽に到達して食物になる。

彼らは再び男の火（精液）の中に供物として捧げられ、それから女の火（母胎）において生まれる。〔天の〕世に再び生じ、彼らはまったく同じように帰ってくる。しかし、これら二つの道を知らない人々は、昆虫や羽虫、あるいはここで嚙虫《ごうちゅう》になる（Olivelle［1998: 148.19–25］）。

同様の記述が、『チャーンドーギヤ・ウパニシャッド』（5.10.3-7）にも見られる。

さて、〈敬虔なる行為とは〔祭官への〕布施である〉と〔祭官を〕村で敬う人々は、煙に入る。煙の中から夜に、夜の中から他の（欠けつつある）半月に、他の半月の中から太陽が南に行く六箇月に〔入る〕。これらは年に達しない。

（中略）煙になった後、それは雷雲になる。雷雲になった後、それは雨雲になる。雨雲になった後、それは降りはじめる。それらはここで、米や大麦、植物や樹木、胡麻《ごま》や豆として生まれる。ここから抜けでるのは、実に難しい。食物を食べる人、精液を放出する人は、再びその同じ者になるからである。

この世での行動が好ましい人々には、〔将来〕好ましい子宮、すなわちバラモンの子宮、クシャトリアの子宮、あるいはヴァイシャの子宮に入ることが予想される。一方、この世での行動が芳《かんば》しくない人々には、〔将来〕芳しくない子宮、すなわち豚の子宮やチャンダーラ（不可触民）の子宮に入ることが予想される（Olivelle［1998: 236.12–22］）。

人間は死んで荼毘《だび》に付されると、煙となってまず月に入り、ついで雨となり、地上に堕《お》ちると食物となり、それが食べられて精子に変化し、それが母胎に入って再生すると言う。つまり、（一）月→（二）雨→（三）食物→（四）精液→（五）母胎という五つの段階を経て生死を繰り返すことになる。これが五火説である。

そして最後に記されていたように、行為の善悪によって、次の生がバラモン・クシャトリア・ヴァイシャという好ましい生存か、あるいは豚（畜生）やチャンダーラ（不可触民）になることが説かれ、ここに至ってようやく業報と輪廻が結合され、業報輪廻説となる。

では次に二道説について見てみよう。仏教は解脱《げだつ》を説くが、解脱も仏教の専売特許ではない。

古代よりインドには、人生に以下の四つの目的があると言う。

（一）ダルマ（dharma）……宗教的な教えの実践
（二）アルタ（artha）……世俗的な富の追究
（三）カーマ（kāma）……肉体的な欲望の満足
（四）モークシャ（mokṣa）……究極の目標である束縛からの解脱

仏教のみならず、インド思想全般において、束縛からの解脱は、とくに宗教家の人生の目的とされた。したがって、ウパニシャッドにおいても、解脱は究極の目標とされる。

五火説は輪廻の道を説明したものであり、これを祖道《そどう》（pitṛyāna）と言う。これに対し、解脱の道を神道《しんどう》（devayāna）と言う。五火説を知り、森において信仰を真実なりと念想する者は、死んでから、火葬の焔《ほのお》、日、月満ちる半箇月、太陽の北行する六箇月、歳（神界）・太陽・月・電光に入り、それからブラフマンに導かれて、再び地上に戻って来ることがないが、これを神道と言う。

これをまとめると、次のとおり。

・二道
- 解脱の道……神道
- 輪廻の道（五火）……祖道
  - 善業……バラモン・クシャトリア
  - 悪業……不可触民・畜生（豚）

・第三道（この二道を知らない人（＝極悪人？））……昆虫・羽虫・嚙虫

砂漠的思考と森林的思考

古代インドの文化は、征服者のアーリア人と被征服者の土着民（ドラヴィダ人・ムンダ人）とのハイブリッドで形成されている。業や輪廻の思想に関して、アーリア人の侵入初期であるヴェーダ時代にはその萌芽《ほうが》すら見られなかったが、土着の民との混淆が深まるにつれ、業や輪廻が徐々に形成されていくのを確認した。

この変化については、風土とその風土が思考に与える影響も視野に入れる必要がある。気象学的な視点からみると（山下［2014: 163-165］）、当時のアーリア人が東に向かって移動したのは、彼らが住んでいた地域の乾燥化が原因であり、その乾燥化の東漸を越えるスピードでアーリア人は湿潤な地を求めて東に向かい、結果として森林地域であるインドのガンジス中流域に入っていった。こうして、ガンジス河流域で育まれた先住民（森の民）と西からやってきたアーリア人とが遭遇することになる。

余談になるが、インド学者や仏教学者がアーリア人の東方への民族移動を語るとき、その理由に触れた言説を私は寡聞《かぶん》にして知らない。ただ「移動した」と言うだけであり、なぜ移動したかを説明しない。

意味もなく人が移動することはないのだが、気象学という視点を入れると、その理由は説得力をもつ。「地域の乾燥化」が原因だとすれば、それは死活問題であり、湿潤な土地を求めてアーリア人が移動したのも、もっともなことであろう。

ところで、ユダヤ教やキリスト教に代表されるセム系の宗教では、世界の〈はじめ〈天地創造〉〉と〈終わり〈最後の審判〉〉が設定され、時間は一つの方向に向かって直線的に流れる歴史観をもつ。生きるには過酷な砂漠環境に対し、高温で多湿な森の環境は生き物の生長や生滅のサイクルも早く、生まれては死に、死んでは生まれるという、円環的で循環的な生命観が自然に醸成される。

こうして、最初期には、征服者のアーリア人の宗教に輪廻や業の思想は存在しなかったが、非征服者との混淆《こんこう》、および新たな気候風土の影響を受け、アーリア人の直線的で一方向的な時間の思考に円環的で循環的な生命観が徐々に浸潤し、時間を経るに従って、アーリア人の思考は輪廻や業報的色彩を帯びていったと考えられる。

二　ブッダ在世当時

沙門の登場

紀元前五、六世紀になると、征服者と非征服者の混血が進み、これによって誕生した新たな世代はアーリア人の伝統を遵守せず、自由な発想をするようになる。また、肥沃《ひよく》な土地で多量の農産物が産出されて生活も豊かになると、それにともなって商工業も発達し、都市が誕生するようになった。まさに新たな時代の幕開けである。

そして、これに呼応するように、自由な発想をする宗教家も活躍しはじめた。彼らのことを「沙門《しやもん》（śramaṇa/samaṇa）」と言う。本来は「努め励む人」という意味だが、ここでは「出家修行者」と理解しておく。仏教の開祖ブッダも沙門の一人だが、ブッダ在世当時、六人の自由思想家がいたとされ、仏典は彼らを「六師外道《ろくしげどう》」と呼ぶ。

当然、仏典は自分たちの開祖ブッダを称揚するために彼らを利用するわけであるから、「六師外道」という呼称は仏教側からの蔑称であり、そのような仏典が彼らの説を客観的かつ中立な立場で記述しているとは思えない。しかし、仏典以外に彼らの説を知る手がかりはないので、ここでは初期経典の『長部』「沙門果経《しやもんかきよう》」（DN i 52.2 ff.）の記述を参考にしつつ、彼らの思想を紹介しよう。

六師外道の説

プーラナ・カーシャパ……道徳否定論　彼は道徳を否定し、破壊する立場を取る。つまり、「殺生《せっしょう》・偸盗《ちゅうとう》・姦通《かんつう》・妄語《もうご》などの悪業を行っても、行為者に罪悪が作られることはなく、罪悪の果報が現れることもない。逆に布施などの善業を行っても、それによって功徳はないし、功徳の果報が現れることはない」というのが彼の説である。

マスカリン・ゴーシャーリープトラ……無因無縁論　彼の説は次のとおり。「生き物は因も縁もなく、汚れたり浄められたりする。すべて命ある者は、ただ運命によって苦と楽とを経験するだけである。賢者も愚者も等しく八百四十万劫《こう》という長い間、流転《るてん》し輪廻して苦の終わり（解脱）を達成するのであり、その間は修行をしてもまったく無意味である。あたかも、毛糸玉が投げられると、解きほぐれながら、小さくなって糸が終わるまで転がるように、賢者も愚者も定められた期間は輪廻し続ける」と言う。

なお、彼の属していた宗教はアージーヴィカと言われる。本来は「生活法に関する規程を厳密に遵奉する者」の意味であったが、他の宗教からは貶称として、「生活を得る手段として修行する者」の意味に用いられ、漢訳仏典はこれを「邪命外道《じゃみょうげどう》」と訳す（中村［1968: 43］）。

アジタ・ケーシャカンバリン……輪廻否定論　彼の説は、断滅論や唯物論とも言われる。善業悪業の果報はなく、この世もあの世もなく、父母もない。四元素（地・水・火・風）のみが実在であり、人を構成する要素もこの四つである。したがって、人が死ねば、この四元素はそれぞれの集合体（地界・水界・火界・風界）に戻るだけであるから、輪廻もなければ、霊魂も存在しない。これが彼の思想である。

このような唯物論の思想を、インドでは一般に「ローカーヤタ（順世派《じゅんせいは》）」、あるいは「チャールヴァーカ」と呼ぶ。唯物論者たちは近代に至るまで存在していたらしい（中村［1968: 45］）。

カクダ・カーティヤーヤナ……七要素論　彼は先ほどのアジタ・ケーシャカンバリンの四元素説に、苦・楽・生命（霊魂）の三つを加え、「七要素」説を展開する。これらの要素は作られたものでも創造されたものでもなく、他の何かを産出するわけでもない。山頂のように不動であり、石柱のように直立している。そこには殺害する者も殺害される者もない。というのも、たとえ利剣で人の頭を断ち切ったとしても、その利剣が七つの要素の間を通過するだけのことであるから、誰かが誰かの生命を奪うということもないと言う。

ニルグランタ・ジュニャーティプトラ……四種防護論　彼はジャイナ教の開祖であり、仏教の思想とも深いつながりがあるので、後ほど別に論じるが、ここでは『沙門果経』に説かれたかぎりでの彼の思想を紹介する。原文の和訳（抄訳）は、次のとおり。

私は四種の部分からなる防護によって守られている。どのように四種の部分からなる防護によって守られているかというと、（一）一切の水を防止している。（二）一切の水によって結ばれている。（三）一切の水によって除いている。（四）一切の水によってふれている。だから、私は自己の完成者、自己の制御者、自己の確立者と呼ばれる。

少々わかりづらいが、この「水（vāri）」は「防止（vārita）」と解されるので、要するに彼はあらゆる悪から身をしっかり守っているということになる。

サンジャイン・ヴァイラティープトラ……懐疑論　彼の説の特徴は、明確な立場を取らない点にある。たとえば、「あの世は存在するか」と質問されたら、「もし私があの世が存在すると思うなら、あの世は存在するとあなたに答えるだろう。しかし、こうであるとも思わないし、そうであるとも思わないし、別であるとも思わないし、そうでないとも思わないし、そうでないのではないとも思わない」と彼は答える。

本書で問題とする善業悪業およびその果報や、また形而上学的問題についても、同様の答弁をするので、「ウナギのような捕らえどころのない議論」、あるいは「不可知論」とも呼ばれる。

ブッダの二大弟子はシャーリプッタとマウドガリヤーヤナであるが、二人とも仏教に帰依する前は、このサンジャインの弟子であった。

三種の外道の拠り所

以上、六師外道の各説を簡単に概観したが、これとは別に、仏典には人間の幸不幸に関する三つの論が説かれている。

ある沙門やバラモンは次のように説き、次のようにみる。「(一) すべての人々は、楽、苦、あるいは非苦非楽を感受する。この一切の原因は、前世に作ったものである(宿作因論《しゅくさいんろん》)。(二) すべての人々は、楽、苦、あるいは非苦非楽を感受する。この一切の原因は、神の化作である(尊祐造論《そんゆうぞうろん》)。(三) すべての人々は、楽、苦、あるいは非苦非楽を感受する。この一切は、無因無縁である(無因無縁論《むいんむえんろん》)」と(抄訳)。

この三つは「三種外道の拠り所」とされ、仏教では批判の対象として紹介されている。これを業思想の観点から敷衍《ふえん》すれば、次のようにまとめられる。

(一) 宿作因論……すべては過去世で為した業の結果であり、人間の幸不幸もすべて過去の業(宿業)によって決定される

(二) 尊祐造論……万物はすべて神が創りだしたものであるから、人間の幸不幸も神によって

決定される

（三）無因無縁論……すべては偶然であり、因や縁は関係しないので、人間の幸不幸はすべて偶然の産物である

仏教の観点から見れば、この三つはどこに問題があるとされるのか。そこにこそ、仏教の業思想の特徴を見出すことができよう。仏教側からの批判を紹介する前に、まずはその批判の前提となるブッダの立場を確認しておく必要がある。それはブッダが「業論者であり、行為論者であり、精進《しょうじん》論者である」という点である。

第二章以降でくわしくみるが、ブッダは、仏教の根本思想である縁起《えんぎ》の立場から、因果論を駆使してこの世の苦楽を説明する。その立場から見れば、この三つの説は許容しがたいということになるのである。なぜか。

仏教側からの批判

（一）宿作因論は、宿業論や宿命論とも言い換えられるが、これは過去世《かこぜ》で為した業が、現在世《げんざいせ》のみならず未来世《みらいせ》にも及ぶという考え方である。インドのカースト制度のように、生まれによって人間の価値が決まるという過酷な現実を生きなければならない人々にとって、努力は無化される。

努力したからといってカーストに変更が加わるわけではないからだ。「だからこそ来世では」という考え方も成り立つが、この過酷な現状はそのような希望さえも奪い取り、人間の思考を停止させる機能を果たすのかもしれない。ともかく、これに対する仏教側の批判をまとめると、次のようになろう。

この考え方によれば、殺生などの悪業もすべて過去世での業の果報であるから、現世における人間の行為の結果ではない。そうなれば、「これはしなければならない」あるいは「これはしてはならない」という判断や努力を否定することになり、善業を実践したり、悪業を回避するという倫理観を損なう。

（二）尊祐造論は、バラモン教の最高神・自在神であるブラフマンがこの世のすべてを創造したとする思想の上に成り立っており、この世のすべてはブラフマンの意思によるとする。基本的な構造は、先ほどの宿作因論と変わらない。なぜなら、宿作因論の「過去の業」を「自在神」に置き換えただけであるからだ。

神の存在は認めるが、神の存在意義を認めない仏教にあって、人間の幸不幸を決めるのは、人間の業（行為）であるから、そこに神の意思など容認されるはずがない。その批判は、先ほどの宿作因論と同じように、これを認めると、人間の悪業も神の意思ということになるし、また「これはしてはならない」という判断や努力を否定し、倫理観を損なう結果になると言う。

神の意思で人間が悪を犯したり、苦しむのであれば、自在神がこの世界を創造した動機や目的は何であったか、あるいは自在神は慈悲者なのか、という批判が仏教側からなされる。これは、神が天地を創造したとするキリスト教において、この世の「悪」をどう説明するかにも通底するものがあろう。

最後に（三）無因無縁論であるが、縁起思想に基づく因果論を説く仏教が、無因無縁論と相容れないのは当然である。先ほど紹介した六師外道で言えば、プーラナ・カーシャパ、アジタ・ケーシャカンバリン、そしてマスカリン・ゴーシャーリープトラの三人がとりわけこれに相当する。業論者であり、精進論者であるブッダにとって、無因無縁論は精進（努力）を否定し、ひいては倫理道徳を否定することになるので、仏教がこれを批判するのは当然のことと言えよう。

ブッダの立場

このように仏教は三つの考え方をすべて否定するが、その否定内容が仏教の立場を暗に表明している。ブッダ自身が、業論者・行為論者・精進論者であることはすでに確認したが、神の存在意義を認めない仏教が、因果論を用いて人間の幸不幸を説明しようとすれば、自ずと人間そのものの行為が問題視されることになる。

そして行為の主体である人間の自由意思を仏教は尊重するが、それは人間の責任を厳しく追及することにもなる。人間は自分の責任において行為を取捨選択しなければならず、その行為の如何によって幸不幸が決定されると説くブッダは、業論者・行為論者ということになる。

またブッダは精進（努力）を認め、精進することでこの世の人生は変えられる、人間は変われるのだ、ということを強調する精進論者ともなる。宿作因論や尊祐造論などの形而上的存在をもちだすことなく、この世の人間がこの世で為した業によって未来は切り開けるのだというブッダのメッセージは、カースト制度が席巻《せっけん》していた当時のインドにおいては、極めて斬新な説として受け入れられたはずだ。

さてここで、宿作因論と仏教の業論との違いについて見ておこう。宿作因論もある意味では因果を認めているので、仏教の業論と重なるところがあるが、違いはどこにあるのかと言うと、過去の業の及ぶ範囲である。宿作因論では過去の業が現在世のみならず、未来世のあり方も絶対的に決定してしまうと説く。これに対して仏教の業論はどうか。

時間を、過去世・現在世・未来世と三世に区切った場合、過去世の業は現在世の生存を規定し、一部は未来世の生存にも影響を及ぼす可能性もあるが、現在世でいかなる業を為すかについて、人間はまったく自由である。

たしかに過去世と現在世という次元では、仏教の業論は宿命（運命）論的色彩は否定できないが、現在世から未来世という次元では、人間の自由意思を認め、またそれに基づいて精進することで、自分の未来は自分で切り開くことが可能なのであり、この点が宿作因論と決定的に異なる。この点を明確にするために、キリスト教の最後の審判と比較してみよう。

仏教とキリスト教の違い

キリスト教の時間は直線的であり、天地創造に始まって最後の審判で終わる。この最後の審判では、キリストが人々を裁き、神の国に入れるのか、地獄に堕ちるのかを決定する。ミケランジェロが描いたシスティーナ礼拝堂の天井画は有名だが、ここで地獄行きを宣告された人は、二度と地獄から脱出することはできない。この宣告は決定的であり、ある意味では運命論的でもある。

それに対して、仏教はどうか。興味深い用例があるので紹介しよう。ダルマルチという仏弟子の物語である。彼は今生で「ブッダ」という言葉を聞いたことが機縁となって出家し、修行を積んで阿羅漢となった。

阿羅漢になれば六神通《ろくじんずう》という超人的な能力が獲得されるが、その一つに宿命通《しゅくみょうつう》、つまり人の過去世を知る能力がある。ダルマルチはこれを使って自分の過去世の生存を探ってみると、過去世で三度、ブッダと出会っていたことがわかった。そこで彼はブッダのもとに出向くと、次のような挨拶《あいさつ》をブッダと交わす。

ダルマルチは世尊《せそん》に近づいた。近づくと、世尊の両足を頭に頂いて礼拝し、一隅に坐《すわ》った。一隅に坐った〔ダルマルチ〕に世尊が「ダルマルチよ、久しぶりであるな」と言われると、ダルマルチは「世尊よ、お久しぶりでございます」と答えた。

世尊が〔また〕「ダルマルチよ、実に久しぶりであるな」と言われると、ダルマルチも〔また〕「世尊よ、実にお久しぶりでございます」と答えた。

世尊が〔さらにまた〕「ダルマルチよ、実に誠に久しぶりであるな」と言われると、ダルマルチも〔さらにまた〕「世尊よ、実に誠にお久しぶりでございます」と答えた（Divy. 241.10–16; cf. 平岡［2007a: 437–438］）。

これを聞いた比丘たちは不思議に思い、ブッダにその理由を尋ねると、ブッダとダルマルチは過去世において三度、すでに出会っていたことが明かされるが、その一つが実に興味深い話なのである。紙幅《しふく》の都合で詳細は割愛《かつあい》するが（詳しくは平岡［2007a: 424–469］を参照）、彼は母と通じて父を殺し、母を殺し、最後には阿羅漢を殺すという重大な悪業を犯してしまった。

自暴自棄になった彼は精舎《しょうじゃ》に出向き、出家したいと申しでるが、ことごとく断られてしまう。当然である。彼は怒って精舎に火を放ち、さらに多くの比丘を焼死させたが、そこに三蔵に通じた比丘（ブッダ）がいた。彼はダルマルチを三宝《さんぼう》に帰依させ、「もしも何時か〈ブッダ〉という言葉を聞いたならば、お前は記憶を取り戻すように！」と告げた。

この後、ダルマルチはその悪業の果報として、数えきれないほど地獄に再生したが、今生で「ブッダ」という言葉を聞いたことが機縁となって出家し、阿羅漢になっている。つまり、どんなに悪業を積もうとも、地獄で苦を感受し、その悪業を清算しさえすれば、やり直せることを仏教は認めている。無論、ダルマルチのような場合は、目も眩《くら》むような長い時間が必要ではあるが。

この用例からもわかるように、仏教の場合、キリスト教と違って、地獄は永遠の棲家《すみか》ではなく、いつかは抜けだせる、つまりやり直しがきくのである。この意味でも、仏教の業論は宿命論や運命論ではないと言えよう。その後の努力次第で、人生は切り開けるのである。

ジャイナ教の業思想

ここで再び、六師外道の一人であるニルグランタ・ジュニャーティプトラの業思想についてまとめておく。彼の本名はヴァルダマーナであり、のちにマハーヴィーラ（偉大な英雄）と呼ばれる。また、彼が打ち立てたジャイナ教は「ジナ（勝者）の教え」という意味である。彼はブッダと同世代であり、思想的な共通点も多く、かつては仏教とジャイナ教の比較研究が盛んに行われたほどである。

ジャイナ教にも多くの文献が残っており、興味深い思想はたくさんあるが、ここでは業報輪廻に焦点を絞り、渡辺［2005: 187–198］を参考にしながら、その要点をまとめてみよう。

仏教が業を精神的なものと考えていたのに対し、ジャイナ教は業を〈物質的なもの〉と考えていた点にまず注目しなければならない。ジャイナ教にとって業は一種の〈微細な物質〉であり、この業が身体の内部に流入して霊魂に付着すると、「業の身体（＝業からなる身体）」という特別な身体が形成され、これが霊魂の本性をくらまし、束縛していると考える。

善業は楽を、悪業は苦を生ずる因となるが、悪業のみならず、業そのものが苦をもたらす因であるから、「人生は苦」であり、業が来世の運命を決定すると言うが、この辺りは仏教と共通する。さらには、悪人は地獄に堕ちると説き、地獄の恐ろしい有様を説くことで、業の恐ろしさを強調している。

ではそのようなジャイナ教において、解脱はどのように考えられていたか。業の束縛から離脱するためには、業を作らないこと、つまり行為しないということが目指されるべきであり、ジャイナ教では業の流れを断つことが教えられた。よって、出家者とは行為を休止した人であり、ジャイナ教は「捨離《しゃり》の説」を教えたのである。

善悪業は苦楽の果報をもたらすから、新たな行為を何も為さず、過去からの業は「振り払う」必要があった。ジャイナ教において業は物質なので、「振り払う」ことができる。かくして、ジャイナ教の究極は「無行為」ということになる。

さまざまな修行、とくに苦行によって「業の身体」を滅ぼし尽くしたならば、霊魂の清浄な本性が自ずから現れ、一切の苦から離脱することになるが、これがジャイナ教の考える「解脱」である。かくして、業との結びつきがなければ、霊魂はその時点で宇宙の最上の場所へと自然に移行すると言う。

余談だが、行為の中でも殺生という悪業は上昇性をもった霊魂を下方に縛り付ける最悪の業であり、出家者はとくに留意せねばならなかった。よって、水を飲む場合にも濾過器《ろか》で水をこし、水中の微生物を取り除かなければならなかったし、道を歩く場合でも小さな生物を踏み殺さぬよう、払子《ほっす》で自分の進む前方を掃《は》かなければならなかったのである。

さすがに在家信者となるとそこまで徹底できなかったであろうが、しかしジャイナ教の在家信者は殺生を避ける仕事（農業も土中の生物を殺す可能性があるので、ジャイナ教の避ける仕事となる）にしか従事できないので、たとえば商人などが多いと言う。

第二章

伝統仏教の業思想——総論

一　業思想の原則

ブッダは輪廻を認めたか?

業報に基づく輪廻説は、後代の仏教では当たり前のように説かれるが、では教祖ブッダ自身が、輪廻説、つまり来世を認めていたかどうかは微妙な問題である。一説によれば、ブッダは「死後の存在があるかないか」とか「宇宙は有限か無限か」といった形而上学的問いには「無記《むき》」の姿勢を貫いたとされる。つまり、来世があるかないかという問いには、「ある」とも「ない」とも答えなかったのである。

ブッダは、知性によって答えがだせない問いは最初から問題にしなかったようだが、このエピソードからはブッダが輪廻を認めたかどうかは判断できない。近年、精緻な文献の批判的研究に基づき、並川［2005: 109-129］がこの問題についての新たな仮説を提示したので、その概要を紹介しよう。

従来より、パーリ仏典の成立を古層（韻文）と新層（散文）とに大別する試みはなされてきたが、彼はその古層に属する文献をさらに最古層（『経集』第4～5章）と古層（『相応部』第1章・第4章、『経集』第1～3章、『法句経』、『長老偈』と『長老尼偈』）とに分類し、両者の間に見られる輪廻観の相違から、最古層よりもさらに古いとみなされるブッダの輪廻観に迫ろうとする。

彼によれば、最古層では輪廻は否定的表現を以て説かれ、また輪廻と業報とを結びつける記述は見られないのに対し、古層になると、「あの世とこの世」「再生」「生死」「輪廻」など輪廻に関する表現が見られるようになり、また「最後身《さいごしん》」や「三明《さんみょう》」など、輪廻を前提にした用語も散見し、業報に関する用例も説かれるようになると言う。

この変化は、仏教が時代の経過とともに一層積極的に輪廻を取り入れていったことを示すと並川は指摘する。この前提に立ち、並川[2005: 128-129]はブッダの輪廻観を次のように推論する。

　ゴータマ・ブッダの輪廻観を考察する場合、それは時代的にみて最古層の資料よりも古いか、あるいはほぼ同時代のものと設定できよう。とすれば、ゴータマ・ブッダの輪廻観は、最古層の資料に見られる輪廻観と同じものか、それよりも古いものかのどちらかであると解することができる。最古層よりも古いものと想定する時には、最古層から古層へと展開した輪廻観の流れとは逆の流れとして把握されるので、ゴータマ・ブッダの輪廻観は輪廻に対して最古層の資料に見られた考え方と同様か、あるいはそれよりも距離をおいた消極的な考え方になり、彼のものの考え方や見方はあくまで現世に力点を置くという態度を強く示していたのではないかと推定できる（要約）。

おそらくこれは、現時点で到達しうる、ブッダ自身のものに最も近い輪廻観であろう。つまりブッダは輪廻を認めていなかった可能性が高いのである。ところが、時代が下ると、それまでインドに根づいていた輪廻説を仏教は積極的に取り込むことになり、ひいては六道（五道）輪廻説を前提に仏教教理が組織されるようになる。

　これはあくまで推論であり、実際にブッダが輪廻を否定したか肯定したかは断定できないが、仏滅後の仏教教団が輪廻を前提に教理を体系化していったことは事実である。とくに大乗仏教の論書に至っては、専門家でも容易には理解できない思想体系を構築している。本書はそこには踏み込まないが、伝統仏教の文献でもかなり複雑な議論を展開している。

輪廻の領域（五道と六道）

　そしてその輪廻思想は業思想と結びつき、仏教の重要な思想の一翼を担うことになる。まずはその輪廻思想の基盤となる輪廻の領域についてまとめておこう。これについては六道の方が日本人には馴染《なじ》みがあり、六道輪廻として知られている。またこれに付随して、六道の有情《うじょう》（「衆《しゅ》生《じょう》」とも言う。人間を含め、「生きとし生ける者」を意味する）を救うとされる地蔵《じぞう》も六つで、六地蔵も有名である。

　しかし、部派分裂によって生じた二十の部派がすべて輪廻の領域を六としていたわけではなく、部派によっては五つとする部派もあるが、ともかく六道とは次の六つを言う。

（一）天（deva）
（二）人（manusya）
（三）阿修羅《あしゅら》（asura）
（四）畜生《ちくしょう》（tiryañc）
（五）餓鬼《がき》（preta）
（六）地獄（naraka）

（一）天は「神」を指す。セム系の一神教とは違い、インドは多神教であり、天は六道輪廻の最上位に位置づけられ、この中に六の天が含まれる（これを六欲天《ろくよくてん》と言う。後述）。
（二）人は我々人間の世界であるが、天と人の二つは「善趣《ぜんしゅ》」と呼ばれ、六道輪廻の中では「善なる行き先」とされる。
（三）阿修羅はサンスクリットのasuraをそのまま音写したもので、a（否定辞）とsura（神）の語源解釈から、asuraは「神ならざる者」とも解釈される。ともかく、阿修羅とは「修羅場」という語が象徴しているように、「戦闘好きの鬼」を意味し、fighting ghostと英訳される。五道輪廻の場合は、この阿修羅が省略される。
（四）畜生の原語は「横」を意味するので、「傍生《ぼうしょう》」とも訳されるが、要するに「動物」を意味する。

（五）餓鬼の原語はpretaであり、pitṛ（父・祖先）と語源が同じであることから、祖霊の意味ももつが、ここでは「飢《き》餓《が》に苛《さい》まれ《な》る鬼」のことで、hungry ghostと英訳される。

（六）地獄は六道輪廻の最下位に位置づけられ、日本でも地獄絵などで馴染みのある領域である。サンスクリットnarakaの音写から「奈落《ならく》」とも漢訳され、「奈落の底」は日本語としても有名である。この地獄・餓鬼・畜生の三つを「三悪趣《さんあくしゅ》」とし、「善趣（天・人）」と対比させた。

このように、仏教は五つ（あるいは六つ）の輪廻の領域を設定し、生前に行った業の内容によって、生まれるさきが決まるとする業報輪廻説を展開した。すなわち、善業を積めば天・人の善趣に、また悪業を犯せば地獄・餓鬼・畜生の三悪趣に再生すると説き、悪を慎み、善を積むように勧めたのである。

しかし、仏教の究極の目標は、善趣に生まれ変わることではない。善業の果報が尽きれば天の領域から堕ちるのであるから、それとて安住の地ではない。よって、仏教は輪廻自体を超越すること、すなわち解脱することを目指す。

五道説の場合は（三）阿修羅が省略されるが、五道説をとるか六道説をとるかは、部派によって異なる。たとえば、南方上座部や説一切有部など、多くの部派は五道説を、また大衆部や正量部は六道説をとる。

三界

さてこの五道・六道だが、これだけが輪廻の領域ではない。仏教には「三界《さんがい》（欲界《よくかい》・色界《しきかい》・無《む》色界《しきかい》）」という考え方があるが、先ほど説明した六道はこの中の欲界に位置している。

（一）無色界……物質を越えた世界で、精神のみの世界
（二）色界……諸欲を離れた清らかな物質（色）のみの世界
（三）欲界……愛欲や食欲など、欲を有する生き物の住む世界

欲界には六つの生存の領域があるが、色界は禅定《ぜんじょう》と関連する天で、初禅から第四禅まで四段階に別れ、各段階にまた複数の天が存在する。無色界も色界同様、禅定と関連する天で、物質的な感覚を離れた状態に入っており四つの段階がある。これを整理すると、次のとおり（カッコ内の天は上から下への順番で記載）。

（一）無色界（非想非非想処《ひそうひひそうしょ》・無所有処《むしょうしょ》・識無辺処《しきむへんしょ》・空無辺処《くうむへんしょ》）
（二）色界：第四禅（色究竟天《しきくきょうてん》・善見天《ぜんけんてん》・善現天《ぜんげんてん》・無熱天《むねつてん》・無煩天《むぼんてん》・広果天《こうかてん》・福生天《ふくしょうてん》・無雲天《むうんてん》）
第三禅（遍浄天《へんじょうてん》・無量浄天《むりょうじょうてん》・少浄天《しょうじょうてん》）

第二禅（極光浄天《ごっこうじょうてん》・無量光天《むりょうこうてん》・少光天《しょうこうてん》）

初　禅（大梵天《だいぼんてん》・梵輔天《ぼんぽてん》・梵衆天《ぼんしゅてん》）

（三）欲界：六欲天（他化自在天《たけじざいてん》・化楽天《けらくてん》・兜率天《とそつてん》・夜摩天《やまてん》・三十三天《さんじゅうさんてん》・四大王天《しだいおうてん》）

禅定の深まりに応じて、死後、無色界や色界に生まれる場合に違いが生じる。このように天界にはさまざまな段階が設けられているが、正反対の地獄にもいくつかの種類があるので、整理しておこう。地獄には大別して八熱《はちねつ》地獄と八寒《はちかん》地獄の二つがある。本庄［2015: 157-159］を参考にその内容を紹介しよう。

八熱地獄

（一）等活《とうかつ》地獄……罪人は獄卒《ごくそつ》に切り刻まれていったんは気絶するが、風が吹けばもとどおりに生き返り、際限なく苦痛に苛まれる

（二）衆合《しゅごう》地獄……羊の姿をした山が両側から押し寄せてきて罪人を押しつぶす

（三）黒縄《こくじょう》地獄……大工の使う墨をつけた紐で罪人が身体に黒い線を引かれ、それに沿ってのこぎりで切られる

（四）叫喚《きょうかん》地獄……高い所から突き落とされ、罪人は泣き叫ぶ

（五）大叫喚地獄……叫喚地獄よりも激しく罪人が泣き叫ぶ

（六）炎熱《えんねつ》地獄……火などで罪人は焼かれる
（七）極熱《ごくねつ》地獄……炎熱地獄よりも激しく罪人が焼かれる
（八）無間《むけん》地獄……阿鼻地獄とも言い、最も過酷な地獄である。名前の由来は、苦痛に間断がないから、死んで間をおかずにここに堕ちるから、などがある。五つの無間業（後述）を犯すと、ここに堕ちる

八寒地獄

（一）頞部陀《あぶだ》地獄……寒さのために罪人の皮膚にあばた（アルブダ）ができる
（二）尼剌部陀《にらぶだ》地獄……さらに大きなあばたができる
（三）頞哳陀《あただ》地獄……寒さのために罪人が「アタタ、アタタ」と声を出す
（四）臛臛婆《かかば》地獄……寒さのために罪人が「ハハヴァ、ハハヴァ」と声を出す
（五）虎虎婆《ここば》地獄……寒さのために罪人が「フフヴァ、フフヴァ」と声を出す
（六）嗢鉢羅《うばら》地獄……寒さのために罪人の皮膚が青蓮（ウトパラ）のようになる
（七）鉢特摩《はどま》地獄……寒さのために罪人の皮膚が紅蓮（パドマ）のように赤くなる
（八）摩訶鉢特摩《まかはどま》地獄……さらに一層赤くなる

以上が、有情の輪廻する全領域であるが、仏典で説かれる〈楽〉には二つの異なったレベルがあることに注意しなければならない。すなわち、世間（在家）のレベルと出世間（出家）のレベ

ルである。世間（在家）のレベルの楽は善趣に生まれ変わることであるが、出世間（出家）のレベルの楽は、欲界のみならず、この三界に輪廻することから解脱することを意味する。

つまり世間のレベルの苦は三悪趣に再生することで、楽は善趣（欲界の天および色界と無色界）に再生することだが、出世間（出家）のレベルの苦は善趣と悪趣を含めて輪廻自体が苦であり、そこから解脱することを楽ととらえるのである。

善因楽果・悪因苦果

では、輪廻の領域が理解されたところで、次に業思想の原則をいくつか確認しておく。最初の原則は「善因楽果・悪因苦果」である。「善因善果・悪因悪果」と表現されることもあるが、これは正しくない。仏教では原因となる業に善悪は存在しても、結果に善悪はないと考える。なぜか。まずはこの点から考えてみよう。

例えば殺人を例にとると、殺人は殺生であるから、仏教はこれを悪業ととらえる。そしてその悪業の果報として、その人は死刑を宣告されるかもしれない。さてこの死刑宣告は〈悪〉だろうか。大塚［1992］によれば、死刑を宣告された死刑囚が、それを機縁に真人間として生まれ変わる事例がいくつか報告されている。

つまり、彼らは殺人という悪業を鏡として自らを深く反省し、その非を悔い改め、自分が殺《あや》めた人の供養を毎日欠かさず、また死刑を執行されて死んでも、あの世で自分が殺めた人に出会って自分の罪を懺悔したい気持ちがあるので、死は怖くないとする者もいる。このような報告を見るとき、死刑が〈悪果〉とは言えない。

次に、逆の場合を考えてみよう。一生懸命に勉強するのは善業である。その結果、難関大学に入ることができるが、それは〈善果〉だろうか。たとえば、その人が「自分は何をやっても一番だ」と高慢になり、一流会社の幹部となって会社を私物化して倒産させたとしたら、難関大学に入ったことは〈善果〉と言えるだろうか。

つまり、結果自体は善でも悪でもなく、そのとらえ方次第で、善にも悪にもなりうるのである。死刑囚の例なら、死刑宣告を自己反省の機会ととらえて真人間になるか、あるいは最後まで自分の非を認めることなく、傍若無人に振る舞うのか。

大学受験の例なら、難関大学に入ったことで高慢になるのか、あるいは努力すれば報われるのだと考えて、死ぬまで謙虚な姿勢を貫くのか。要はその結果のとらえ方次第である。だから結果自体は、善悪ではなく苦楽、すなわち「好ましい／好ましくない」としか言えないので、「善因楽果・悪因苦果」と表現する方が正しい。

では次に、その行為の善悪の基準について考えてみよう。つまり何を以て善悪を判断するのか、という問題である。一神教のような絶対者を立てる宗教なら、その神こそが善悪の基準を設定し、人間はそれに従えばいいわけだが、仏教は神の存在意義を認めず、判断基準はあくまで人間自身となるので、独特な基準を用いることになる。『法句経』の記述に注目してみよう。

行った後に、後悔して、顔に涙を浮かべつつその果報を受くれば、かくの如き業は善く為されたものにあらず。

しかし、行った後に、後悔せず、嬉しく喜んでその果報を受くれば、かくの如き業は善く為されたものなり（Dhp. 67–68）。

かくして、結果として苦をもたらした業は悪であり、楽をもたらした業は善であるというように、結果から行為の善悪を判断するというのが仏教の基本的な善悪の基準設定であるから、他宗教と比較すれば、これはきわめて特異な基準ではないだろうか。

自業自得

次の原則は、「自業自得」である。日常語でよく使われる四文字熟語だが、自分が為した業の果報はあくまで自分が受けなければならず、他者が代わって受けてはくれないという意味である。たとえば、次のように説かれる。

有情たちは業を自己のものとし、業を相続し、業を母胎とし、業を親族とし、業を拠り所とする。彼らは善悪の業を為して、その業の相続者となる（AN v 288.27–29）。

ここでは業の行為者はその業を相続することが明記されているが、次の用例はさらに自業自得を直接的に説く。『中部』では、先ほど説明した善因楽果・悪因苦果の原則が説かれた後、閻魔王が審判を下した最後に、こう言い添える。

「実に、このようなお前の悪業は、母が為したものではないし、父が為したものでもないし、兄弟が為したものでもないし、姉妹が為したものでもないし、友人が為したものでもないし、親族が為したものでもないし、沙門やバラモンが為したものでもないし、神々が為したものでもない。この悪業はお前自身が為したものである。お前はこの悪業の果報を受けるだろう」（MN iii 180.25–30）

日本は仏教国ということになっているが、仏教の思想すべてを正確に受け入れてきたわけではない。その一例として「親の因果が子に報う」がある。見せ物小屋の口上《こうじょう》としても有名だが、自業自得の原則からすれば、ここで説かれているように、親の悪業の果報をその子が受けるという道理は成立しない。大乗仏教になると、この原則は崩れてしまうが、伝統仏教ではこれが業思想の基本である。

業の不可避性

業はいったん為されると、途中で消えることがない。仏典の用例でこの点を確認してみよう。まずは『経集』と『増支部』の用例から。

いかなる人の業も滅せず。それは必ずやって来て作者がそれを受く。愚者は罪を作り、来世にて身に苦しみを受く（Sn 666）。

「比丘たちよ、故意に為され積み上げられた業が、〔その果報を〕受けずに消滅してしまうと私は説かない。その〔果報〕は現世、来世、あるいはその次の世において必ず受けるべきものである」（AN v 292.2-5）

つづいて紹介するのは、説一切有部という部派の伝承を色濃く反映した業報説話文献『ディヴィヤ・アヴァダーナ』からの用例である。

前世で為された善悪〔業〕は消滅せず。尊師たちへの奉仕は消滅せず。聖者たちに言いたることは消滅せず。恩を知る人に為したことは決して消滅せず。善く為された業は美しく、また悪しく為された〔業〕は醜し。そしてその異熟《いじゅく》は存在し、必ず果報をもたらさん（Divy.

298. 13–18; cf. 平岡［2007a: 527］）。

大気中にも海中にも、山々の洞窟の中に入っても、死の及ばぬ場所はどこにもなし。大気中にも海中にも、山々の洞窟の中に入るも、業の力が及ばぬ場所はどこにもなし（Divy. 561.5–7; cf. 平岡［2007b: 484］）。

実に業は遠くに引きつける。業は遠くから引き寄せる。業が熟するところに人を引き寄せる（Divy. 566. 6-7; cf. 平岡［2007b: 490］）。

このように、業は影のようにその行為者につき従い、決して見逃してはくれない。

業の不相殺性

業の不可避性にならんで、業の不相殺性も、業の恐ろしさを強調する要因となっている。業の不相殺性とは何か。善業を為せば楽果があり、悪業を為せば苦果があるというのは一定の説得力があり、理解するのにそう難しくはないが、現実の生活はそう単純ではない。

我々の人生を考えた場合、人は善業や悪業のみを為して人生を終わるのではなく、さまざまな善業や悪業を為しながら人生を終える。とするならば、その場合、善業と悪業の果報はどう感受することになるのかが問題になる。これも部派によって多少の異なりはあるが、基本的に善業と悪業の結果は相殺できない、つまり差し引くことはできないのである。

たとえば、質量三の悪業と質量二の善業とを為した者は、その差の質量一の悪業の果報のみを感受するのではなく、質量三の悪業と質量二の善業の果報を両方とも感受しなければならないことになる。これも説話の用例で確認してみよう。

『ディヴィヤ・アヴァダーナ』第一章（平岡［2007a: 1-56］）の用例から。主人公のシュローナは航海に出掛ける前、自分の母親に暴言を吐いたために、餓鬼の世界を遍歴する羽目になるが、そこで彼はさまざまな餓鬼に出逢い、彼らが感受する業の果報を目の当たりにする。

彼は餓鬼の世界を彷徨《さまよ》っていると、ある宮殿にやってくるが、そこでは、ある男が夜には四人の天女たちと遊び戯れているものの、太陽が昇って昼になると、その宮殿と天女たちとは忽然《こつぜん》と姿を消し、代わって黒い斑点のある四匹の犬が現れ、その男をうつ伏せにし、太陽が沈むまでその男の背肉を貪《むさぼ》り食べていた。そして太陽が沈むと再び宮殿と天女たちが現れ、その男は以前と同じように彼女たちと遊び戯れる。

疑問を抱いたシュローナは、その男に生前どのような業を積んだのか尋ねると、彼は自分の業を説明する。彼は羊飼いをしていて殺生を重ねていたが、聖者マハーカーティヤーヤナに殺生を止めるよう説得された。しかし彼は殺生を止めなかったので、昼間に殺生をするのなら、せめて夜だけでも戒律を守るようにと聖者に諭された。その後、彼はこう言う。

「夜間に戒を守ったという業の異熟により、夜にはこのような天界の快楽を享受するが、昼間、私が羊を殺した業の異熟により、昼にはこのような苦しみを受ける」。そして彼は詩頌《しじゅ》を唱えた。

「昼には他の命を奪い、夜には〔持〕戒の徳を具えたが、その業果として、実にこのような快楽と苦しみとを〔交互に〕享受せり」(Divy. 10.12-18; cf. 平岡［2007a: 12］)

この後、シュローナは再び餓鬼界を彷徨い、別の宮殿に到着する。そこでも、ある男が艶《あで》やかな天女と太陽が沈むまで遊び戯れていたが、いったん太陽が沈んでしまうと、その宮殿と天女とは突然姿を消し、代わって強大な百足《むかで》が出現するや、その男の体を七重に巻き付け、日の出まで男の頭を貪り食っていた。太陽が昇ると、その百足は姿を消し、再び宮殿と天女とが現れて、男は彼女と遊び戯れていた。

シュローナは彼にも同じ質問をすると、彼は自分の業を説明する。彼は夜に人妻と浮気をしていたが、聖者マハーカーティヤーヤナに邪淫《じゃいん》を止めるよう説得された。しかし彼は邪淫を止めなかったので、夜間に邪淫を犯すなら、せめて昼だけでも戒律を守るようにと聖者に諭された。その後、彼はこう言う。

「私は聖者カーティヤーヤナから戒を授かったので、その業の異熟により、昼間にはこのような天界の快楽を享受するが、夜間、私が人妻と浮気した業の異熟により、夜にはこのような苦しみを受ける」。そして彼は詩頌を唱えた。

「夜は人妻に現を抜かし、昼は〔持〕戒の徳を具えたり。その業果として、実にこのような快楽と苦しみを〔交互に〕享受せり」（Divy. 11.28–12.4; cf. 平岡〔2007a: 14–15〕）

ここでは、先の例とは逆の展開になっているが、その意図するところは同じである。この二つの用例が如実《にょじつ》に語っているように、前世で為した「悪業→善業→悪業→善業」の果報が、これに対応する形で現世に「苦果→楽果→苦果→楽果」となって現れでている。

前者の例で言えば、夜に戒を保ったという善業のために、餓鬼界では夜に四人の天女たちと戯れるという楽果があり、また昼には羊を殺したという悪業のために、餓鬼界では犬に貪り食われるという苦果を感受せねばならないようになっており、これがその業の尽きるまで交互に繰り返される。

このように悪業と苦果、善業と楽果との間には厳密な「一対一の対応関係」が認められ、決して悪業と善業とが相殺することなく、その果報としての苦果と楽果とがそれぞれ別個に一人の有情に現行する。いったん業を為した者は、善であれ悪であれ、必ず両方の果報をそれぞれ別々に感受することになる。

原則には例外がある

以上、仏教の業思想の原理原則として、自業自得、善因楽果・悪因苦果、業の不可避性、そして業の不相殺性について見てきたが、いかなる原理原則にも例外はつきものであり、業思想もその例外ではない。ここでは業の消滅、あるいは業の相殺性について例外的な用例を紹介しておく。

この問題を最初にとりあげたのが、ラ・ヴァレ・プサン（La Vallée Poussin［1927: 207-212］）である。伝統仏教の初期の段階で業の消滅を可能にするのは、改悔《かいけ》・四無量心《しむりょうしん》（慈・悲・喜・捨という四つの広大な利他の心）の修習・帰仏、罪の告白などであるが、『ディヴィヤ・アヴァダーナ』では、次のような例外が指摘できる（平岡［2002: 258-262］）。

懺悔《さんげ》　ブッダの十大弟子であるプールナは過去世で阿羅漢に対し、「お前は奴隷女の産んだ子だ！」と暴言を吐くと、その阿羅漢は、「お前の発した言葉は乱暴だ。罪を罪として懺悔せよ。そうすれば、その業は減少し、尽き果て、消滅するだろう」と助言し、彼はそのとおりに懺悔した。本来なら彼は地獄に再生してから、さらに奴隷女の子に再生するはずであったが、その懺悔のお陰で地獄への再生は免れ、五百生のあいだ、奴隷女の子として再生する苦果を感受するだけですんだ。

懺悔は悔過とも言うが、大乗仏教の時代になると、懺悔は随喜《ずいき》・勧請《かんじょう》・廻向《えこう》などとともに儀礼化され、業障を除滅する力があるとみなされるに至った。

浄信《じょうしん》　ブッダは誰かの未来を予言するとき、微笑を示し、開いた口から光線が放たれることになっている。その光線は天界と地獄とを巡行するが、地獄に行った光線は地獄の住人の苦痛を和らげる。これに続いて、ブッダは地獄の住人に浄信を生ぜしめんがために、化仏《けぶつ》を送って彼らにみせると、彼らはその化仏に心を浄らかにしたので、「本来なら、地獄で苦を感受すべき悪業を滅尽して、天や人に再生した」と説かれる。

ここでのブッダを阿弥陀仏《あみだぶつ》に置き換えれば、浄土教《じょうどきょう》にきわめて近くなるし、ブッダの放った光線が地獄の住人の苦をやわらげていると説く点は、浄土思想と重なるものがあり、実に興味深い用例である。

三帰依《さんきえ》　畜生として再生することになっているため、悲嘆に暮れていた天子に対し、帝釈天《たいしゃくてん》は、仏・法・僧の三宝に帰依するように進める。天子がそれを実行すると、畜生に再生することを免れ、再び天に生まれ変わった。これは、畜生に再生することになっていた悪業が三帰依によって消滅していることを物語っている。

陀羅尼《だらに》　仏弟子アーナンダにつきまとう賤民（アウトカースト）の娘プラクリティを、ブッダは巧みな方便で教導する。その際、ブッダは、彼女が前世で積んだ悪業を陀羅尼で清浄にし、アウトカーストから解放したと説かれる。

このように、数こそ少ないが、業思想を極度に強調する説一切有部においてさえ、原則から外れる例外を認めているのは注目に値するが、これがいったい何を意味するのかについては、後ほどとりあげることにする。

自業自得を越える悪業の伝染

例外ついでに、興味深い話を紹介しよう。それは自業自得の原則を越える用例なのだが、その内容は悪業の果報が他者と共有されてしまうというものである。つまり、ある人の強烈な悪業が他者に伝染し、周囲の者までが苦果を経験するという話である。

『ディヴィヤ・アヴァダーナ』第十三章（平岡［2007a: 302-351］）は、スヴァーガタが出家して阿羅漢になる話を扱う。彼は過去世で犯した悪業により、五百生もの間、物乞いに生まれ、今生においても、裕福な家に生まれながら、物乞いに身を落とす。

彼が生まれたことで、その家にはさまざまな厄難が襲いかかり、疫病神扱いされて、家から追いだされると、物乞いたちの集団に入るのだが、彼が入ったとたん、それまで問題なく施食《せじき》を得ていた彼らは皆、器を空にして帰ってきた。

ある者が、「きっと、誰か疫病神が我々の仲間に加わったせいで、こんなことになったのだ」と言い、それをつきとめるためには、集団を二つに割り、別個に物乞いしようと提案した。すると、案の定、スヴァーガタのいる集団は誰も施食が得られなかった。

同じことを数回繰り返し、ついに疫病神がスヴァーガタであることがわかると、彼らはスヴァーガタを徹底的に痛めつけ、集団から追いだした。これは彼の積んだ悪業が自分のみならず、他の仲間に影響を与え、影響を受けた者は食にありつけないという苦果を経験していると考えられるが、これだけでは、実際に彼の悪業が他者に影響を与えたかどうかは不明である。

そこで、この話の後の展開に注目して見よう。スヴァーガタは、縁あってブッダの目に止まり、最終的にはブッダの教化を得て阿羅漢になるのだが、その前にブッダはお腹を空かしたスヴァーガタに食事を食べさせようとし、アーナンダに命じてスヴァーガタに食べ残しを与えるように指示するが、アーナンダはそれを失念してしまった。

ブッダが彼の記憶を蘇らせると、ブッダの指示を失念していたことに気づいたアーナンダはそれを恥じておいおいと泣き出したが、ブッダは次のように告げてアーナンダを励ます。

「アーナンダよ、お前が私の命令を忘れてしまったのではない。そうではなくて、他ならぬスヴァーガタの〔悪〕業が資糧を得、〔その〕機が熟して暴流の如く押し寄せてきて〔それを〕遮《さえぎ》ることはできず、それによってお前は失念したのだ。がっかりするな」(Divy. 178.13-15; cf. 平岡［2007a: 315］)

このブッダの励ましの言葉からあきらかなように、スヴァーガタの悪業がアーナンダに影響を与え、失念という果を招いている。これから推論すれば、彼の家に生じた厄難も、物乞いたちが食にありつけなかったという苦果も、スヴァーガタの悪業の影響と考えるのが穏当であろう。よって、これも自業自得の原則を逸脱する用例と言えるのではないか。

二　業思想の背景

教理的背景

では次に、苦と真摯《しんし》に対峙《たいじ》する仏教という宗教が、業思想を重要視するに至った背景を、教理的な側面と現実的な側面から考えてみよう。まずは教理的背景から。

仏教は、この人生を苦と認識し、その原因を無明《むみょう》に求め、その苦の原因である無明を修行によって滅し、心の絶対的平安を獲得するという宗教である。したがって、今、問題とする業思想は「無明を滅する修行」という点に関わっている。

また在家者にとっても、心の安らぎを得るために、現実的な苦といかに向かい合って苦を甘受《かんじゅ》し、また廃悪修善を目的としてよりよく生きていくかについて、業思想は避けて通れない。こうして、出家者によっても在家者にとっても業は重要なテーマになるのは理解できる。しかし、それがなぜ輪廻思想と結びつくのか。

ブッダ自身は輪廻に対して否定的であり、死後の生のような形而上学的な問いに無記の立場を貫いたことなどを勘案すると、ブッダの関心事は「今、生きているこの人生」であり、この生をどう生き抜くかが最大の関心事であったはずだ。しかし、ブッダの死後、生前や死後を前提とする輪廻思想を積極的に説くようになる。

理由はいろいろあろう。第一章でみたように、インドの気候風土からすれば、輪廻思想はインド人にとっての大原則・大前提であり、教線を拡げていくさい、仏教もそれを無視できなかったという事情も考えられる。しかしここでは、思想的な観点から、この問題を考えてみたい。

仏教の根本思想は「縁起」である。縁起とは「縁《よ》って起ること・何かを縁として生起すること」を意味する。つまり、この世のすべては因果関係によって成り立っており、他者の力を借りずに、それ独自で存在しているものは何もない。

縁起説は時間と空間の両方を説明する原理として活用できるが、空間的な側面からの縁起は第四章にゆずり、ここでは時間的な側面からのみ縁起を説明する。

「花が咲く」という場合、花はある日、突然、咲くわけではない。「花が咲く」という結果の直接的原因（因）は「種」である。しかし、花が咲くには、豊かな土壌に種を植えること、適量の雨が降ること、太陽の光が降り注ぐこと、肥料を与えること、といった間接的原因（縁）も必要になる。こうして因と縁が相俟って、花が咲く。これが時間的な面での縁起である。

では、我々の生存を時間的に説明する原理として、この縁起が使われるとどうなるか。我々の生（誕生）は何に縁って起こったのか（過去→現在）。あるいは、我々の死を縁として何が起こるのか（現在→未来）。

縁起という視点から、我々の人生をみつめ直すと、当然の疑問である。そうなれば、現在の生存（果）を説明するために、生前（因）が問われるし、また現在の生存（因）によって死後（果）のあり方も説明されよう。こうして、生前と死後とを前提とする輪廻思想が登場することになったと考えられるのである。

現実的要請

続いて、現実的要請という観点から、業報輪廻説が必要とされるに至った理由を考えてみよう。現実の世界に目を向ければ、毎日のように、悲惨なニュースが飛び込んでくる。一人の独裁者のために、多くの国民が苦しい生活を余儀なくされているとか、国と国とのエゴによって始まった戦争では、無辜のボランティアや現地の子どもたちが誤爆によって命を落とすとか、または誤認逮捕によって何十年も監獄に閉じ込められるとか、枚挙《まいきょ》にいとまがない。これは善人が苦しむケースである。

そうかと思えば、老人から大金をだまし取り、お咎めもないまま贅沢《ぜいたく》な暮らしをしている詐欺師や、罪を犯してもそれを部下のせいにして責任を取らない政治家や、部下の手柄を自分の業績として恥じない企業の幹部もいるかもしれない。これは悪人が罰を免れるケースである。

このように、現実の世界では倫理が百パーセント通用しないことを、我々は経験的に知っている。まさに現世は不合理に満ち満ちており、我々の住む世界は娑婆《しゃば》である。娑婆とはサンスクリット「サハー（sahā）」の音写で、「苦に耐え忍ぶ場所（＝忍土《にんど》）」を意味する。人々はこのような娑婆世界の現実に少なからず不公平感を抱く。このような状況は、古代のインドも現代の日本も大差はなかったであろう。

　このような現実を目の当たりにしたとき、人は努力することの虚しさに気づき、何をしても世界は変わらないと落胆するだろう。古代のインドにおいて、宿作因論・尊祐造論・無因無縁論といった三つの外道の拠り所が提唱されたのも首肯《しゅこう》される。

　生まれてから死ぬまでが人生のすべてならば、この不公平感は決して解消されることはない。しかし、生前と死後とを前提とする輪廻を認めるとどうなるか。この不合理な人生は、一気に合理的に編集されなおす。

　憎っくきあいつが悪業の果報（苦果）を経験せずに死んでも、死後には過酷な地獄の苦しみが待っている、また愛《いと》しのあなたが善業の果報（楽果）を経験せずに死んでも、死後には甘美な天上の楽しみが待っている、と考えれば、この過酷な現実にも生きる意味や希望を見出すことができるであろう。

　人間は意味を求める動物である。意味不明なことには、何らかの理屈をつけなければ納得できないのが人間である。その理由づけが科学的であるかないかは、このさい問題ではない。腹に収まるようにどう理由づけるか。臨床心理学者の河合［1992: 53］は、次のように述べる。

たとえば途方もない事故が起こった。なぜこんな事故が起こったのか。そのときに自然科学的な説明は非常に簡単です。なぜ私の恋人が死んだのかというときに、自然科学は完全に説明ができます。「あれは頭遺骨の損傷ですね」とかなんとかいって、それで終わりになる。しかしその人はそんなことではなくて、私の恋人がなぜ私の目の前で死んだのか、それを聞きたいのです。それに対しては物語をつくるより仕方がない。つまり腹におさまるようにどう物語るか。

このように、腹にストンと落ちる物語、つまり腑《ふ》に落ちる物語をどう作るかが問題なのである。神話はその機能を果たしてきたと考えられるし、業報輪廻を説く仏教説話も同じである。人知を越えた惨事が起こったとき、それに対抗しうるのは、科学ではなく宗教であろう。

形而上学的議論をもちこまずに、苦と対峙できるブッダのような人生の達人はともかく、一般の人間には、それが非科学的であったとしても、自分にとってのみ意味をもつ主観的事実としての物語が必要となる。こう考えると、人生の達人ではない数多《あまた》の凡人にとって、業報輪廻説は厳しい現実を何とか生き抜いていくために必要不可欠だったと推察される。

輪廻の主体は？

教理的背景および現実的要請から、当時のインドの社会通念である輪廻説を仏教も受け入れる必要があったと考えられるが、そうなると、次に問題になるのが輪廻の主体である。なぜなら、仏教は「無我」を説くからだ。無我を説く仏教にあって、何が輪廻の主体となるのか。大問題である。

まず、仏教が否定する「我」、すなわち「アートマン（ātman/attan）」の意味内容を見てみよう。これは「常一主宰《じょういつしゅさい》」とも呼ばれるように、常住にして単独であり、何かを支配する主体を意味する。つまり、変化しない永遠の実体をもつ存在であるが、縁起あるいは無常を根本思想とする仏教から見れば、当然、否定の対象となるので、無我説を以て自我の存在を認めなかった。

しかしながら、無我説を立てて我を完全に否定すれば、今度は行為者の責任の所在が不明になる。そこで「五蘊仮和合《ごうんけわごう》」という理屈を立て、仮なる存在としてのみ「我（われ）」の存在を容認した。

五蘊とは生物を構成する五つの要素のことで、色《しき》（肉体）・受《じゅ》（感受作用）・想《そう》（表象作用）・行《ぎょう》（形成作用）・識《しき》（意識）を言う（別の解釈もあるが、ここでは省略）。色は物質としての身体、受・想・行は心の働き、そして識は心そのものを意味する。これらが和合することで仮に人という存在が成立するが、それは名称があるだけで実体はないとする。『相応部』の記述に注目してみよう。

たとえば部分を〔有機的に〕合体させて「車」という呼称があるように、因縁によって

〔五〕蘊が〔有機的に〕合体すると、「生き物」という呼称がある（SN i 135.20–21）。

無我説を立てる仏教が、いかにして輪廻の主体を認めるのかについては、現在のみならず、古代のインドでも問題になったようであり、ここで再び『ミリンダ王の問い』（Mil. 25 ff.: 中村・早島［1963: 68 ff.］）を参照しながら、この問題について考えてみよう。

『ミリンダ王の問い』での議論

本篇の主役であるナーガセーナは、ミリンダ王に「あなたの名前は？」と聞かれ、「ナーガセーナである」と答える。しかし、それは名前に過ぎず、そこにアートマン（人格的固体）は認められないとも言う。すると王は、「だとすれば、布施を受けるのは誰か。また布施を受け取って使用するのは誰か」と詰め寄る。

さらに「髪がナーガセーナなのか、爪がナーガセーナなのか、あるいは、歯・皮膚・肉・筋・骨などを合体させたものがナーガセーナなのか、あるいはそれとは別にナーガセーナが存在するのか」とたたみかけて、詰問《きつもん》した。

これに対してナーガセーナは、車体・車軸・軛《くびき》・車棒などを単純に合体させたものが車ではないのと同じように、身体の各パーツを単純に合体させたものがナーガセーナではないと答え、先ほど引用した『相応部』の詩頌を紹介する。

つまり、五蘊が有機的に合体することでアートマンは存在するが、しかしそれは五蘊が仮に合体した結果であり（五蘊仮和合）、究極的な存在としてアートマンが存在するのではないというのが、仏教の立場である。

この問題はさらに、無我説は輪廻と矛盾しないのかというテーマで論じられる（Mil. 40 ff.: 中村・早島［1963: 110 ff.］）。輪廻する前の存在と輪廻した後の存在は同じか違うかという問題提起が、ミリンダ王によってなされる。これに対するナーガセーナの答えを端的に表現すれば、「不一不異」ということになるが、彼は二つの譬喩《ひゆ》を以てこれに答える。

一つは、灯火を点じて一晩中燃える場合、初夜の炎と中夜の炎、また中夜の炎と後夜の炎は、同じでもなく異なってもいないと説明する。つまり不一不異という答えである。もう一つは牛乳が発酵すると酪《らく》となり、酪から生酥《しょうそ》、さらに生酥から醍醐《だいご》が生ずるように、牛乳と酪、酪と生酥、そして生酥と醍醐は、同じでもないし異なってもいないと説く。仏教が説く我（アートマン）もこれと同じであると言うのだ。

これを敷衍してみよう。昨日の私と今日の私、今日の私と明日の私は、同じか違うのか。同じであれば、変化しないのであるから、人間は年を取ることがないし、顔つきも赤ちゃんのままのはずだ。違うのなら、両者の顔は毎日まったく異なっているはずだが、実際にはそうではない。

一日経過しても、表面上、両者の間に変化はほとんどないように見えるが、細胞レベルでは激しく新陳代謝し、変化している。また十年単位で比較すれば、表面上（たとえば顔つき）も大きな変化が見られるものの、両者はまったく別物ではなく、過去の顔に現在の面影、また現在の顔に過去の面影は確認できる。

つまり仏教は縁起説を説くので、昨日の私を縁として今日の私が、また今日の私を縁として明日の私が生起するのであるから、両者は不一不異であり、「変化しながら相続する」ということになる。つまり縁起説は、常住論《じょうじゅうろん》（両者はまったく同じ）と断滅《だんめつ》論（両者はまったく異なる）を止《し》揚《よう》した理論なのである。

ともかく、こう説明することで、「悪業を行う者」と「その刑罰を受ける者」とを別物とみなさず、責任の所在を明確にしていると言えよう。

中有

さて、輪廻を前提に教理を体系化していくと、さまざまな問題が浮上してくるが、その一つに「中有《ちゅうう》」がある。「中陰《ちゅういん》」とも呼ばれ、日本では葬式後の中陰（いわゆる四十九日）法要の基礎になっている考え方だ。

輪廻するとしても、ある状態から死ぬと同時に次の状態に生まれ変わるとすれば、次のような矛盾が生じる。たとえば、人間として六時に死に、同時刻の六時に畜生として生まれるとするならば、同じ六時に「死」と「生」という相矛盾する事象が生じることになる。

こうして、説一切有部などは、その中間的な存在として中有という存在を考え出したが、すべての部派がこれを採用したわけではなく、南方上座部は「死ぬと同時に別の場所に生まれる」という立場を取るので、中有の存在は認めていない。

では本庄［2015: 166–171］によりながら、中有について説明しよう。有情は輪廻する際、次のような四つの段階を通過することになる。

（一）中有……死んで以降、次の生存場所に到達する直前までの生存
（二）生有《しょうう》……誕生の瞬間の生存
（三）本有《ほんぬ》……誕生の次の瞬間から死ぬ直前までの生存
（四）死有《しう》……死ぬ瞬間の生存

つまり、中有は「今世のもの」と「来世のもの」とも言えない「中間的な生存」の状態のことで、一般的に次のような特徴を持っている。

（一）次に生まれようとする生存の状態と同じ形態をとる。たとえば、次に犬に生まれ変わるなら、中有は犬の姿を、人間なら人間の姿をとる
（二）非常に微かであるため、同類の中有と特殊な眼力をもった者にしか見えない
（三）素早く空中を飛行し、ブッダによっても妨《さまた》げられないし、壁など、いかなるものによっ

ても妨げられず、すべての感覚器官を完備し、香《こう》を食べて生きる
(四) ある趣に行くはずの中有が、その行き先を転換することはできない
(五) 中有の存続は短期間であるが、具体的には最大七日間、四十九日間、あるいは定まっていないという説もある
(六) 中有が母胎に入ろうとするとき、中有が男なら母に愛着を、父に憎悪を抱き、しかも母と交わっているように体感する。女はその逆となる
(七) 中有の普段の姿勢は趣によって異なる。天は立って上昇し、地獄は逆さまに墜落する

日本の中陰法要で「四十九日間は香を絶やしてはならない」という習慣は、(三) の「香を食べて生きる」に根拠がある。また (四) は説一切有部の定説だが、「中有の間に、行き先が変わることもある」とするグループもあるようで、この説は七日ごとの中陰法要に理論的根拠を与えている。『チベット死者の書』の儀礼もこれに基づいていると考えられる。

ともかく、輪廻に対しては否定的であったと考えられるブッダ、そして無我の立場を主張した仏教は、のちに輪廻説を採用することになるが、その矛盾は当時のインドにおいても問題となり、輪廻の主体に関しては苦しい論理を展開することになった。これは、次に紹介するアングリマーラ説話でも確認される。

三　業思想の変遷――アングリマーラ説話の検討

問題の所在

輪廻否定から輪廻肯定へとシフトしていく過程で、大きな変更を余儀なくされた説話がある。業を考えるのであるから、善人よりは悪人の方がおもしろそうだ。しかも、この世で悪人から善人に変貌をとげた人なら、なお好都合である。はたしてそのような人間がいたのか。実はいたのである。その名はアングリマーラ。

極悪非道の殺人鬼アングリマーラはブッダの巧みな方便によって改心し、最後には出家して阿羅漢になったので、業の問題を考える上では興味深いし、何よりもブッダは極悪非道の人間を教化したのであるから、仏教の開祖の徳と慈悲の偉大さとを印象づけるのに、これほど好都合な話はない。

しかしその一方で、この話は後に大きな問題となる火種をもちこむことになる。これについては平岡［2008］で論じたことがあるので、その内容を要約しながら、アングリマーラ説話の変遷を紹介しよう。

「悪人だったアングリマーラが出家して解脱した」という話がインド仏教史のどの時点で創作さ

れたかは確定しがたいが、後に詳しく考察するように、それは輪廻思想およびそれと不可分の関係にある業報思想が積極的に説かれていなかった時代であったと推定され、その時代であれば、この話はそれほど大きな問題もなかった。

しかし、時代が下って仏教が「業報輪廻」を積極的に取り込む時代に入ると、このアングリマーラ説話は極めて都合の悪い問題を抱え込むことになる。輪廻を認める後の教学によれば、悪人のアングリマーラが解脱したということは、再生しない状態になったことを意味する。とすると、彼が出家する前に犯してきた数多の悪業の果報はどうなるのかが問題となる。

彼が解脱していなければ、「死後、彼は地獄において想像を絶する苦しみを受けた」というような過去物語を創作すれば事足りるのであるが、解脱して死後の生存がないとなれば、話は複雑だ。

業報輪廻を前提にすれば、「あれほどの殺人鬼が、殺人という悪業の果報（苦果）をこの世でもあの世でも感受することなく般涅槃《はつねはん》した」という物語は納得のいかない話であり、悪人成仏という美談とは裏腹に、業果の不平等、あるいは人生の不合理という火種を背負い込む結果となったのである。

アングリマーラ説話がはらむこの火種は、仏教が「業報輪廻」容認という方向にシフトするにつれ、大きな炎を吹き上げることになるが、ここで仏典の態度は二つに大別される。

一つはこの大火を静観し、小さな言い訳に留まる仏典、もう一つはこの火を鎮めるのに躍起《やっき》になり、大きな言い訳に踏みだす仏典である。これらの具体的な考察に入る前に、まずは現存する最古のアングリマーラ説話から見ていこう。

アングリマーラ説話の祖型

これは『長老偈』（Th. 866-891）に説かれるもので、すべて韻文であるためにその内容が抽象的なものもあり、具体的な内容把握に苦労するものもあるが、おおよそ次のようにまとめることができる。

・ブッダの計らいで私は殺生を止め、出家した（866-870）
・以前に悪を犯した者でも、その後の努力で世を照らす者となる（871-873）
・自己の敵に対する呼びかけと不殺生の決意の表明（874-876）
・かつて加害者だった私はブッダに調御《じょうご》されて不殺生者となり、ブッダに帰依する者となり、解脱者となった（877-882）
・放逸に対する誡め（883-884）
・私は涅槃《ねはん》に達し、三明を得た（885-886）
・以前は不安に怯えていたが、今、私は釈子《しゃくし》として幸せに暮らしている（887-889）
・私は執着を離れ、煩悩《ぼんのう》を滅し、解脱した（890-891）

ここでは、ブッダとの出会いがきっかけでアングリマーラが殺生を止め、出家して解脱したことが説かれているだけであり、殺生という悪業の苦果に対する記述はない。おそらく、アングリマーラ説話の祖型は、「悪人アングリマーラは出家し、修行を積んで解脱すると、出家前の悪業の果報（苦果）を経験することなく死んだ」という程度のものであったと推察される。

小さな言い訳に留まる説話

この話に、どのような言い訳がなされるのか。まずは、小さな言い訳に留まる用例を紹介しよう。『法句経注』は、苦果を意識しながらも、それには言及しない。

さて、長老〔アングリマーラ〕は師のもとで出家して阿羅漢性を獲得した。その時、同志アングリマーラは独居独坐し、解脱の楽を感受していた。その時、彼は感興の詩頌を発した。

「かつて放逸に暮らせし者も、後に放逸なき者は、雲から抜けでた月の如く、この世を照らすなり」

等の仕方で感興の詩頌を発すると、彼は無余なる涅槃界に般涅槃した。比丘たちが「皆さん、長老は一体何処に生まれ変わったのだろうか」と法堂で話をしていた。〔そこに〕師が来られて、「比丘たちよ、今、お前たちはいかなる主題・意味について話をしていたのだ」と尋ねられると、「大徳よ、長老アングリマーラの再生の場所について話をしておりました」と答えた。「比丘たちよ、我が息子（アングリマーラ）は般涅槃したのだよ」と。「大徳よ、あれだけの人を殺しておきながら、彼は般涅槃したのですか！」と。「比丘たちよ、いかにも。以前、彼は一人の善知《ぜんち》識《しき》も得られなかったのであれだけの悪を犯してしまったが、後に善知識の助けを借りて、彼は放逸なき者となったのだ。彼の悪業はその善業によって封鎖されたのだ」と言われて、次の詩頌を説かれた。

「〔かつて〕悪業を犯した人も、〔それを後に〕善で封鎖する人は、雲から抜けでた月の如く、この世を照らすなり」（Dhp-a. iii 169.16–170.11）

ここでは、悪業を犯してもその苦果を感受しない場合があること、つまり善で相殺されるということを、ブッダは淡々と答える内容になっている。ただ、ここで注意すべきは、比丘たちの質問にあるように、仏滅後のある時期に、業果の必然性が問題になっていたという点である。

傍線を施した部分は「悪人であったアングリマーラが般涅槃したこと」に比丘たちが驚いているというよりは、その直前で彼の死後の再生を議論していることからもわかるように、「悪人であったアングリマーラが苦果を感受することなく般涅槃したこと」に驚いている。

だからこそ、ブッダが最後に悪業を善業で相殺することを内容とする詩頌を説くことに意味がある。本文献の成立は『長老偈』の成立からかなり時代が下るが、業報に関する基本姿勢は『長老偈』と同じであり、この問題を意識しながらも、これ以上の言い訳はしていない。

大きな言い訳に踏みだす説話

『中部』所収「アングリマーラ経」は、『長老偈』の詩頌をベースに、その内容を散文で敷衍する形式をとる。まずは内容をプロット毎《ごと》に整理しよう。

・ブッダはアングリマーラを神通力で教化する
・ブッダのもとで出家したアングリマーラを拘束するよう人々に懇願されたパセーナディ王はブッダのもとに向かうが、ブッダがアングリマーラを見事に調御したのを見て退席する
・ブッダの助言を得たアングリマーラは難産で苦しむ女性のもとに行き、「出家してからはいかなる殺生もしていない」という真実語で母子ともに救う
・その後、修行に励み、阿羅漢となったアングリマーラが托鉢していると、他者が投げた土塊・棒・小石が当たり、体に傷を負う。ブッダは彼を見て慰めの言葉を掛ける

このうち、最後のプロットが言い訳に当たる部分である。つまり、他者が投げた土塊・棒・小石がアングリマーラに当たり、彼は頭が割れるなどの大怪我をしているのである。その部分の原文は次のとおり。

さてそのとき、他の者が投げた土塊が同志アングリマーラの体に当たった。また他の者が投げた棒が同志アングリマーラの体に当たった。また他の者が投げた小石が同志アングリマーラの体に当たった。その時、同志アングリマーラは頭が割られ、血が滴り、鉢は壊れ、大衣は破れ、世尊のもとに近づいた（MN ii 104.4-11）。

そして、それを慰めるブッダの言葉は、次のとおりである。

「バラモンよ、汝は耐えよ。バラモンよ、汝は耐えよ。バラモンよ、数年・数百年・数千年もの間、汝は地獄で煮られるべき業の異熟を現世において受けているのだ」（MN ii 104.13-17）

この部分こそ、業報輪廻および業果の不可避性との齟齬《そご》を可能なかぎり埋めようとした、涙ぐましい努力の結果である。頭に大怪我を負ったとはいえ、いくら何でもこれが地獄で数千年煮られる苦果と同等にみなすには無理がある。

しかし、阿羅漢になって死後生がない以上、このような記述が限界であろう。この問題を最初に論じた榎本［1989: 9］は、これを「業の先取り」と表現するが、「業果の先取り」と言った方が正確であろう。

この他にも『賢愚経《けんぐきょう》』は、アングリマーラが地獄の火に焼かれたという話を創作することで、彼の苦受を説明する。「石や棒で殴られる」よりは「地獄の火で焼かれる」方が、殺人という悪業の苦果にふさわしいが、しかしここまでくると、今度は逆に現実離れしてしまい、リアリティを欠く結果になっている。

いずれにせよ、阿羅漢になって後生がないとすれば、この世で悪業の清算をしなければならず、その結果、「石や棒で殴られる」とか「地獄の火で焼かれる」という話が創作されたと考えられるのである。

第三章

伝統仏教の業思想——各論

つづいて、「伝統仏教の業思想」の各論に入ろう。「業」の意味内容は極めて広く、長い仏教の歴史の中で多様な観点から分析がなされた。そのすべてをここで網羅することはできないので、基本的な分類のみをとりあげ、その内容を解説する。

ここでは、「どのような業を（A群）、身体のどの部位を使って行い（B群）、その結果どうなるのか（C群）」という視点で業思想の各論を整理する。A群は業の内容、すなわち業の善悪を扱う。B群は業が行われる身体的部位からの整理、C群は行為の結果という視点からみた業の分類である。

これは私が考えだした恣意《しい》的な整理法であり、古代インドでこのような観点から業が体系化されたわけではないことを最初に断っておく。

一　A群（どのような業を）

①善業／悪業

八正道と七覚支

業でまず問題になるのが、〈善悪〉であろう。業の原則を説明したさい、結果として苦をもたらした業は悪、楽をもたらした業は善というように、結果から業の善悪を判断するというのが仏教の善悪の基準の基本であると指摘した。

しかし、出家修行者ならびに在家信者が廃悪修善に励もうとすれば、「行動してみなければ善業悪業の判断がつかない」というのは不親切であり、修行の実践目標として善業を位置づけようとすれば、具体的な項目を明示しなければならない。かくして、さまざまな善業および悪業が「善」として列挙されることになる。

いくつかの体系がある中、まずは八正道《はっしょうどう》（八つの正しい実践道）をとりあげよう。なぜなら、成道《じょうどう》後、ブッダが最初に説法した内容が中道《ちゅうどう》、そしてその具体的内容が八正道であったからだ。その内容は次のとおり。

（一）正見《しょうけん》……正しい見解
（二）正思《しょうし》……正しい思考
（三）正語《しょうご》……正しい言語行為
（四）正業《しょうごう》……正しい身体的行為
（五）正命《しょうみょう》……正しい生活
（六）正精進《しょうしょうじん》……正しい努力
（七）正念《しょうねん》……正しい記憶（理想目標を忘れないこと）

（八）正定《しょうじょう》……正しい禅定（精神集中）

八正道は無漏業《むろごう》（後述）に位置づけられるが、これと同じく無漏業とされる七覚支《しちかくし》についても解説を加えておく。七覚支とは「覚りに導く七つの項目」を言う。

（一）択法覚支《ちゃくほうかくし》……教えの中から真実なるものを選び、偽りのものを捨てる
（二）精進覚支《しょうじんかくし》……努力する
（三）喜覚支《きかくし》……真実の教えを実践する喜びにひたる
（四）軽安覚支《きょうあんかくし》……心身を軽やかに快適にする
（五）捨覚支《しゃかくし》……対象へのとらわれを捨てる
（六）定覚支《じょうかくし》……心を集中し、安定させる
（七）念覚支《ねんかくし》……思いを平らかにする

十（不）善業道

伝統仏教において、善悪業という観点から体系的に説かれた業論は、「十善業道《じゅうぜんごうどう》、あるいは「十不善業道」であろう。その名称に「善（kuśala/kusala）」や「不善（akuśala/akusala）＝悪」、また「業（karman/kamma）」という語が使われているからである。十不善業道の内容は次のと

おり。

身業《しんごう》（三）

（一）殺生……生物の命を奪うこと

（二）偸盗……他者のものを盗むこと

（三）邪淫……不倫行為（邪《よこしま》な男女関係）

口業《くごう》（四）

（四）悪口《あっく》……人を傷つける暴言を吐くこと

（五）妄語《もうご》……嘘をつくこと

（六）両舌《りょうぜつ》……二枚舌を使って仲違いをさせること

（七）綺語《きご》……無駄なおしゃべりをすること

意業《いごう》（三）

（八）貪欲《とんよく》……他者の財産を欲しがること

（九）瞋恚《しんい》……生物を傷つけようとする強い意志をもつこと

（十）邪見《じゃけん》……因果の道理を完全に否定すること

（身業・口業・意業については後述）

そしてこの逆が、そのまま十善業道の内容となる。なお、これに関連し、五戒《ごかい》について言及しておこう。「戒律」という言葉があるが、本来、「戒（sila/sila）」と「律（vinaya）」は別物であり、戒は道徳、律は法律に近い。何が違うか。それは、違反した場合、罰則があるかないかである。戒は道徳であるから、それに違反しても罰則はないが、律は法律なので違反すれば罰則が適用される。

十善業道の不殺生〜不妄語から不悪口を除き不飲酒《ふおんじゅ》を加えて五戒とし、在家者にとってはこれが日々守るべき行為目標、また出家者の場合は覚りのための実践徳目と位置づけられる。在家者がこれを破っても罰せられることはないが、出家者の場合、不飲酒を除く四つに違反すれば、還俗《げんぞく》（僧侶資格の剝奪）という一番重い処分となる。

またこの五戒を発展させ、在家者が実践すべき戒として八戒がある。これは五戒に、次の三つを付加したものである。

（一）不非時食戒《ふひじじきかい》……正午以降（非時）に食事をとらない
（二）不歌舞観聴戒《ふかぶかんちょうかい》……歌舞音曲を見聞きせず、装飾品を身に付けない
（三）不用高床大床戒《ふゆうこうしょうだいしょうかい》……贅沢な寝台を使用しない

これは斎日《さいじつ》に守る戒なので、八斎戒《はっさいかい》とも言う。日を限定して毎月六回（一日・八日・十四日・

十五日・二十三日・三十日)、または四日(一日・八日・十五日・二十三日)、在家者も少しだけ出家者に近い禁欲生活を実践するための戒である。

五逆罪

また極悪の業として、「五逆罪《ごぎゃくざい》」がある。大乗経典の〈無量寿経〉において、念仏往生《ねんぶつおうじょう》の根拠となった法蔵菩薩の第十八願に、「十念すれば往生できるが、五逆罪を犯した人と、正法《しょうほう》(大乗)を誹謗する人は除く」と明記され、阿弥陀仏の本願からも除外されるほどの悪業とされるが、それは次の五つである。

(一) 父を殺すこと
(二) 母を殺すこと
(三) 阿羅漢を殺すこと
(四) 悪心を抱いて仏の身体から血をだすこと
(五) 教団を分裂させること(破僧)

こうして列挙してみると、最初の三つは、すでに紹介したダルマルチ説話と関係がありそうだし、最後の二つはデーヴァダッタとの関連が指摘されよう。「悪心を抱いて仏の身体から血をだすこと」は、すでに前章でみたとおりであるし、破僧もデーヴァダッタの所行として有名である。どうしてこの五項目が五逆罪としてまとめられたかは不明だが、ともかく、この悪業を犯すと無間地獄に堕ちるので、「五無間業」とも呼ばれる。

菩薩の戒になった十善業道

十善業道は伝統仏教において戒としては扱われず、善業を実践する徳目として位置づけられていたが、大乗仏教はこの十善業道を、「業の立場」ではなく、「戒の立場」で説くようになる。これは大乗仏教の起源にも関連するので、脇道にそれるが、少し立ち入って整理してみよう。

大乗仏教の起源および大乗経典の成立については、まだ不明な点が多い。かつて大乗仏教は、出家者ではなく在家信者によって誕生したという説を、平川彰［1989b, 1990］が提唱した。以来、彼の説は平川説として、永く学会を風靡《ふうび》したが、最近では平川説に疑義が呈され、再び出家者との関連でその興起が論じられている。

平川が大乗仏教の在家起源説を唱えた根拠の一つに、この十善業道がある。彼によれば、伝統仏教における出家者（声聞《しょうもん》）が守るべき戒律は波羅提木叉《はらだいもくしゃ》（後述）であったが、大乗仏典はこれを否定し、それに代わるものとして、十善業道を菩薩の十善戒に位置づけたと言う。

大乗経典の〈維摩経《ゆいまきょう》〉を読むと、在家の居士《こじ》である維摩がシャーリプトラをはじめとするブッダの高弟を次々に論破するので、たしかに大乗仏教は出家者よりも在家者に優位な立場をとる印象を受ける。しかし、大乗経典には出家の菩薩も登場するし、また出家者の戒律である波羅提木叉を守るという記述もある。

日本で平川説に異を唱えた佐々木［2000］は、この矛盾を次のような論法で乗り越えようとする。大乗仏教の特徴は、覚りに関して出家者と在家者の間に違いを認めないところにあるが、平川の言うように、大乗の菩薩が在家者なら、彼らは在家者の戒である五戒や八戒を用いるべきであるのに、実際はそうではない。

伝統仏教では戒ではなかった十善業道が大乗で新たに菩薩の戒として取り入れられたのは、菩薩が「在家／出家」という分類に対応しない新しい形態で存在したからであり、そのような混在形態にあったとすれば、両者を統括する戒として新たに導入された十善戒が「菩薩の戒」として頻出するのは当然であると言う。

なお、大乗経典の成立についても、伝統仏教の延長線上に位置づけた研究が進んでいる。たとえば〈大乗涅槃経《だいじようねはんきよう》〉の下田［1997］、〈郁伽長者所問経《いくがちようじやしよもんぎよう》〉のNattier［2003］、〈法華経《ほけきよう》〉の平岡［2012］、また仏伝の再解釈という視点から包括的に大乗経典を考察した平岡［2015］などがあるので、参照されたい。

最後になったが、善悪業に関して、「無記業」にもふれておく。これは善業でも悪業でもない行為で、苦楽という結果をもたらさない行為を指す。たとえば、「歩く」「手を挙げる」「坐る」などの行為である。これらは善悪とは関係なく、したがって行為しても苦楽の結果を生じることはない。

②黒業／白業

論書の説明

先ほどの「善業／悪業」を「黒／白」の色に喩《たと》え、黒業《こくごう》・白業《びゃくごう》・黒白業・非黒非白業という四種類に分類することがある。黒業が悪業、と白業が善業に対応しているのはわかるが、では黒白業や非黒非白業とはいかなる業を言うのか。この四種類の分類はすでに初期経典に見られるが、これは伝統仏教の中でも説一切有部という部派が強調する業なので、〈倶舎論〉の記述を参考に、その意味内容を確認しよう。

また黒白等の区別によって、業は四種類なり。
黒なる業で黒なる異熟を有するものもあり、白なる業で白なる異熟を有するものもあり、黒白なる業で黒白なる異熟を有するものもあり、非黒非白なる業で異熟がなく、業の滅尽のために働く業もある、と。そのうち、
不善なる〔業〕と、色〔界〕と欲〔界〕で獲得される善なる〔業〕が、まさに順序に従いて、黒〔業〕と白〔業〕と〔その〕両方の業、そしてそれら〔の業〕を滅尽するため

の無漏〔業〕なり（AKBh 234.26–235.5）。

この中で使われている「異熟」とは、時を隔て世を隔てて異なる時に熟する行為の結果、すなわち善悪の業に引き起こされた結果のことであるが、これをまとめると、次のようになる。

（一）黒業……不善（悪）なる業
（二）白業……色界で獲得される業
（三）黒白業……欲界で獲得される善業
（四）非黒非白業……業の滅尽のために働く無漏業

これによると、問題の黒白業とは「欲界で獲得される善業」を意味し、また黒白なる異熟（苦と楽）を有するものとされ、非黒非白業は覚りをもたらす業と考えられる。そして、この後、引き続いて〈倶舎論〉では、黒白業を次のように説明する。

欲界に関する善業は黒白である。不善が混じっているからであり、黒白の異熟を有するものである。〔好ましくない〕異熟が混じっているからである。これは〔有情の生涯に亘《わた》る〕相続に関して立てられたのであって、自性《じしょう》という点からではない。なぜならば、一つの業、あるいは〔一つの〕異熟があって、それが黒でもあり白でもあるような、そのような種類に属するものではないからである。互いに矛盾するからである。

【問】また不善（＝悪）の業についても、同じように善が混じっていれば、黒白であるということになるではないか。【答】不善は必ずしも善と混ざるとは限らない。欲界においては、それ（不善）は力が強いから。一方、善は〔不善と〕混ざる。力が弱いからである、と（AKBh 235.10–15）。

黒白業といっても、業の「自性（性質）」という点から、一つの業や一つの異熟に「黒白」という二つの矛盾した自性が存在するというのではなく、個体の相続に関して黒白がある、つまり彼が過去に為した黒業と白業の異熟が、有情の身体に時間を異にしてそれぞれ別々に顕現してくると指摘している。これをヤショーミトラの注釈書は次のように説明する。

「これは〔有情の生涯に亘る〕相続に関して立てられた」とは――【解説】善〔業の異熟〕と不善〔業の異熟〕とが〔別々に〕現れでるから、善が不善と混じるのである。

「互いに矛盾するからである」とは――【解説】善は不善と、不善は善と矛盾するから〔同じものに〕二つの体性があることは理に叶《かな》っていない（AKV 397.31–398.1）。

つまり、「黒白業」と言う場合、それは一つの業が善・不善、あるいは一つの異熟が苦・楽という二つの異なった性質を自性としてもつのではなく、有情の身心の相続に、黒業の異熟としての苦果と、白業の異熟としての楽果とが別々に現れでてくるという意味において、「黒白業」と定義されているのである。

この「黒白業の異熟がそれぞれ別個に現れでてくる」というのが、すでに指摘した業の不相殺性である。つまり善業（白業）と悪業（黒業）は相殺されず、その結果はそれぞれ別々に感受しなければならないのである。

説話での具体例

では次に、これが実際の説話ではどう反映されているのか、その具体例を見てみよう。『ディヴィヤ・アヴァダーナ』には、全部で三十七の説話が収められているが、その多くは業報説話であり、またその業報説話のほとんどが、今ここで問題にしている黒白業をテーマにしている。

善業（白）を行って楽果があり、悪業（黒）を行って苦果があることだけを説いても、物語としてはおもしろくない。当たり前であるからだ。我々の現実に目をやっても、善業だけや悪業だけを積んで人生を終える人はない。

悪いこともするが、ときには善いこともし、黒業と白業とをおりまぜて生活しているのが現実である。とすれば、そのような行為は何を「果として結ぶ（異熟）」のかが人々の関心事となる。

ではここで、いくつかの説話の内容を簡略に示そう。

第十三章（平岡［2007a: 302-351］）では、主人公の長者スヴァーガタが過去世で独覚《どっかく》（覚りを開いた聖者）に悪事を働いたが（悪業）、後にそれを反省して独覚を供養した（善業）という過去物語が説かれる。その結果、彼は、五百生ものあいだ、物乞いとして生まれ変わったが（苦果）、最後の生で裕福な家に生まれ（楽果）、それが機縁となって出家し、阿羅漢となっている。

第二十七章（平岡［2007b: 110-175］）には、アショーカ王の息子クナーラの物語がある。かつて猟師であったとき、彼は五百匹の鹿の目をつぶした（悪業）。しかしその一方で、彼は壊れかけていた仏塔を修復して誓願を立てた（善業）。その果報として、彼は五百生ものあいだ、目をえぐりとられることになったが（苦果）、今生では高貴な家に生まれ、その容姿は美しく、真理を知見した（楽果）。

最後にもう一つ。第三十六章（平岡［2007b: 398-465］）には、ある王妃の物語が見られる。彼女は過去世でブラフマダッタ王の後宮だったとき、独覚が住んでいた庵《いおり》を焼いておもしろがった（悪業）。独覚は彼女を憐れみ、神変を現すと、それを見た彼女は改心し、独覚を供養すると誓願を立てた（善業）。その業の果報として、長年のあいだ、彼女は地獄で焼かれ、今生においても火で焼かれることになった（苦果）。一方、彼女は真理を知見して、焼け死んだ後は、天界に生まれ変わった。

ここでとりあげた説話以上に、黒業と白業の不相殺性を見事に描いたのが、すでに第二章第一節「業の不相殺性」で紹介した『ディヴィヤ・アヴァダーナ』第一章の用例である。これは現世での昼と夜とで交互に過去世の黒業と白業の果報が出現するという構成になっており、実にわかりやすい内容になっている。

黒白業の定型表現

『ディヴィヤ・アヴァダーナ』には多くの業報説話が説かれているが、その基本的なパターンは、まず現在物語で主人公の苦果と楽果をテーマにした話が説かれ、現在物語の最後で、その主人公の苦果と楽果に疑問をもった比丘たちがブッダにその理由を尋ねると、ブッダはその苦果と楽果とを説明する過去物語を説いて聞かせる。そして最後の連結部分で過去の業と現在の果報が結びつけられて物語は終わる。

その際、現在物語の最後で、過去物語の導入となる定型表現が見られるので、それを紹介しよう。たとえば、第二章では比丘たちの疑問を受けて、ブッダはこう説く。

「比丘プールナによって為され積み上げられた業は、資糧を獲得し機縁が熟すと、暴流の如く押し寄せてきて避けることはできないのだ。プールナが為し積み上げた業を、他の誰が享受しようか。比丘たちよ、為され積み上げられた業は、外の地・水・火・風界で熟すのではない。そうではなく、為され積み上げられた業は、善であれ悪であれ、感覚のある〔五〕

蘊・〔十二〕処・〔十八〕界においてのみ熟すのである。何百劫を経ても、業は不滅なり。〔因縁〕和合と時機を得て、必ずその身に果を結ぶ」（Divy. 54.1–10; cf. 平岡［2007a: 93］）

そして、連結部分で物語の締めくくりに、ブッダは次のような定型表現を説く。

「完全に黒い業には完全に黒い異熟があり、完全に白い〔業〕には完全に白い〔異熟〕があり、〔黒白〕斑の〔業〕には〔黒白〕斑の〔異熟〕がある。それゆえ比丘たちよ、この場合、完全に黒い業と〔黒白〕斑の〔業〕とを捨て去って、完全に白い業においてのみ心を向けるべきである。このように比丘たちよ、お前たちは学び知るべきである」（Divy. 55.9–13; cf. 平岡［2007a: 94］）

黒白業が説かれた背景

では次に、「どうして黒業や白業ではなく、黒白業を強調しなければならなかったか」について考えよう。そこでもう一度、黒白業の特徴に注目する。黒白業で強調されていたのは、黒業と白業とが相殺する関係にはないという点であった。

実際に、この考え方は説話に反映されていたが、これはいかなる黒業も認めないという点が重要である。もしも両者が相殺されてしまえば、たとえ黒業を積んだとしても、それを補うだけの白業を積めば、その黒業は帳消しにされてしまい、結果として黒業を認めることになるからだ。

ところが、両者は引き算（相殺）されないとしたら、少しの黒業を積んだ後にいくら多くの白業を積んでも、その黒業は消えず、黒業の果報は苦果として、白業の果報は楽果として、それぞれ別個に感受しなければならないことになるから、廃悪修善《はいあくしゅぜん》の立場よりすれば、この方が業報説話として効果的だ。

「黒業により苦果を味わう」、「白業により楽果を享受する」というのは極めて常識的であるから、問題は「黒業と白業の両方を積んだ場合、その果報はどうなるのか」である。当時の仏教徒の関心も、この点に収斂《しゅうれん》していったと考えられよう。

だからこそ、黒白業に関する説話が多く作りだされ、黒業と白業とが相殺しないことを強調する必要があったが、そのためには黒業だけや白業だけではなく、黒白業が重要なテーマとしてとりあげられたと推定される。両者が相殺する関係にない以上、黒業はもちろん、黒白業をも捨て去らねばならない。

こう理解すれば、定型句で強調される「完全に黒い業と〔黒白〕斑の〔業〕とを捨て去って、完全に白い業においてのみ心を向けるべきである」という記述が物語の締め括りとして最後に置かれているのも納得がいく。

ではどうして「黒業と白業とが相殺しない」ことを過度に強調する必要があったのだろうか。

これは「黒白業を主題とする業報説話が多く作りだされるようになった背景は何か」という問題である。これに関して平川［1989a: 122］はこう指摘する。

「これは時代を経るにしたがって律の規範が乱れてきたことと併せ考える必要があろう。原始教団の初期においては戒律の規則は「ブッダの制定した規則であるから破ってはならない」ということだけで充分にその権威を承認せられていた。しかし後世になると律儀は次第に乱れてきたために、業報の譬喩によって戒律の客観性を基礎づけんとしたのであると考えられる（要約）」

そうだとすれば、このような業報説話が作りだされた背景には、それだけ深刻な戒律の乱れがあったと考えられるが、これは出家者にかぎらず、在家者においても同様だったと推察される。

戒律の乱れ

正確にどの段階だったかは明言できないが、出家在家を問わず、時代が下るとともに戒律は乱れ、それを阻止する意味で業報説話が創作されていったと推察されるが、それを傍証する用例をここで紹介しておく。

それは、「雑砕戒《ぞうさいかい》を軽んじる」という業の果報である。この雑砕戒が実際にどのような内容の戒を指すかについては不明だが、平川［1995: 136］は、「ともかく雑砕戒とは微細な戒であり、重罪ではないという意味である」としている。

ブッダは入滅《にゅうめつ》に際してアーナンダに、「もしも欲するならば、僧伽《そうぎゃ》は雑砕戒を捨ててもよい」（Vin. ii 287.30–32）とまで遺言したことが『パーリ律蔵』に伝承されているが、この記述が伝統仏教初期の雑砕戒の性格をよく伝えているだろう。

では、説話文献において、この雑砕戒を軽んじたり犯すという悪業がいかなる苦果をもたらす行為として描かれているかを、平岡［2002: 241］から紹介すれば、全部で四例が確認されるが、いずれも畜生として生まれ変わるという苦果を感受しており、かなり厳しい内容となっている。

そのような重罪とは見なされない戒を犯しても、かなりの苦果を経験しなければならないことを強調している点から推察すれば、これらの物語は、すでに平川が指摘した「戒律の乱れ」に、当時の出家者たちがかなり敏感になっていた事実を反映していると考えられるのである。

また黒白業の中の黒業には、比丘が暴言を吐くという内容も少なからず存在するし、また『ディヴィヤ・アヴァダーナ』第二十三～二十五章（平岡［2007b: 1–50］）では、比丘サンガラクシタが地獄で遭遇した者たちが実は正等覚者《しょうとうがくしゃ》カーシャパの弟子で、その時の悪業によって様々な苦を経験していることを説くものなど、比丘の素行の悪さを題材にした説話が少なくない。

このような状況を踏まえて総合的に判断すれば、黒白業を内容とする業報説話は、このような出家者の律の乱れを背景にして成立したものとみることができる。出家者の状況がそうであれば、在家者の状況も推して知るべしであろう。

③有漏業／無漏業

漏とは何か？

では最後に、有漏業《うろごう》と無漏業《むろごう》とをとりあげ、A群「どのような業を」のまとめをしておく。まず説明すべきは「漏（āsrava）」であるが、これは「煩悩」の異名である。したがって、「有漏」とは「煩悩を有する」、無漏とは「煩悩がない」という意味になる。「漏」は「漏れる」の意であるから、煩悩が六根《ろっこん》（眼・耳・鼻・舌・身・意）という六つの感覚器官から流れでると説明される。

しかし、この語の理解はそう簡単ではない。榎本［1978］の研究を参考にしながら、この問題を考えてみよう。彼によれば、「漏（āsrava/āsava）」は本来「漏れ込んでくる（つまり「漏入・流入」）」であるにもかかわらず、後期の伝統仏教では正反対の「漏出（流れでる煩悩）」と解釈されてきたと言う。

仏教とジャイナ教の共通の源泉と考えられる資料では、輪廻が洪水に喩えられ、「大洪水の海の中で舟はあちらこちらに漂流する。（……）〔水が〕流れ込んでくる（ā√sru）舟は向こう岸には行けない。（……）身体を舟と呼ぶ。（……）輪廻が海と説かれ、それを偉大な聖仙が度《わた》る」と説かれる。

つまり水〔煩悩〕が船〔身体、あるいは霊魂〕に流入すれば、その船は洪水〔輪廻〕の中に沈むが、流入を防げば向こう岸〔覚り〕に至るという譬喩である。流入してくるものは、ジャイナ教では「悪業」と考えられるが、仏教の場合は、業・煩悩・輪廻苦などの意味に多様化してくる。それが仏教において、徐々に「漏出」へと意味内容が変化する。たとえば、『増支部』に「ある人は怒り、憎しみ、不満を表面にだす。あたかも、ただれた古傷が〔血や膿《うみ》などを〕流しだすようなものである」という表現が見られ、〈倶舎論〉に至っては、「〔煩悩〕は傷口のごとき六つの感覚器官を通って流出するから漏（āsrava/āsava）〔という異名をもつ〕」と定義されるに至ったと言う。

初期経典を見れば、「眼の認識機能に関して、制御せず過ごしている人に、悪しき貪欲や不健全な憂いが次々に流入してくるが、それ〔眼の感覚器官〕を制御するために修行する」などと説かれ、眼をはじめとする六つの認識機能〔眼・耳・鼻・舌・身・意〕を制御することが重視されるのを考えれば、漏は「漏出・流出」よりは「漏入・流入」が本来的意味であったと考えられる。なお、この「感覚器官の制御」については、このあと、「律儀」を解説する中で再びとりあげることにする。

阿羅漢と業の果報の残余

では最後に、本節のまとめをしておく。ここまでの業論を整理してみよう。

業
- 無漏業（非黒非白業）……煩悩を滅する業（＝覚りに導く業）
- 有漏業
  - 白業（善業）……色界で獲得される業
  - 黒白業……欲界で獲得される善業
  - 黒業（悪業）……不善（悪）なる業
  - 無記業……結果（異熟）を生じない業

無漏業とは具体的に何かと言うと、『増支部』は、すでに本書でとりあげた「八正道」、あるいは「七覚支」とする。要するに、出家して実践する業を無漏業と理解しておけばよい。無漏業は伝統仏教において「梵行《ぼんぎょう》（brahmacarya/brahmacariya）」などと呼ばれることもあるが、これは出家してからの修行を指す。よって、在家の生活に留まったままでは、基本的に覚ることはできない。

次に有漏業だが、黒業（悪業）を有漏業とすることは問題はないとして、善なる有漏業（有漏善）には説明が必要かもしれない。有漏善とは何かと言うと、有名になりたいと考えて布施をするような行為である。布施自体は善業であるが、その動機は「有名になりたい」という欲（煩悩）に基づいて為されるので、有漏である。

無記業とは、すでに説明したように、善でも悪でもない行為であり、苦楽という果をもたらさないが、煩悩を滅する無漏業ではないので、有漏業に分類される。

また無漏業についても、若干の補足説明をしておく。先に〈倶舎論〉の「非黒非白業」の説明を紹介したが、そこでは「業の滅尽のために働く無漏業」とあった。この「業」とは「煩悩」に近い意味で用いられており、説一切有部の教理に照らしても、業の不相殺性という点で過去の業が消えることはないと考えられていたと見てよい。それを物語る例を、再び業報説話から紹介する。

それは、阿羅漢になった比丘が殺されるという話である。これも『ディヴィヤ・アヴァダーナ』から二つ紹介する。最初は第二十八章（平岡［2007b: 176–194］）に見られるアショーカ王の弟ヴィータショーカの用例から。

アショーカ王の時代、ジャイナ教の信者が教祖ニルグランタの足下にひれ伏すブッダの絵を描いたことを知った王は怒って、「ジャイナ教の行者を殺してその頭をもってきた者には金貨を与える」と布告をだした。

ちょうどそのとき、ヴィータショーカは出家して阿羅漢となり、遊行していたが、病気で苦しむ彼は、衣がすり切れ、髪・爪・髭は長く、ジャイナ教の行者さながらであった。彼はある晩、牛飼いの家で一夜を過ごすことになったが、彼の妻はヴィータショーカをジャイナ教の行者と勘違いし、夫をそそのかして彼を殺そうとする。

牛飼いは刃を抜いて同志ヴィータショーカに近づくと、ヴィータショーカは過去世に対して智を働かせ、自分が過去で為した業の果報が近づいて来るのを知り、その業に身を任せたままじっとしていたので、牛飼いは彼の頭を切り落とし、アショーカ王に差しだすと、王はそれが弟の頭と知って気絶して倒れてしまう。自分の非を改めた王は「もう誰も殺してはならない」と安全を保証した。

もう一つは、王位を捨てて出家し、阿羅漢になったルドラーヤナ王の話を扱う第三十七章（平岡［2007b: 466–547］）。父から王位を譲られた息子のシカンディンは悪大臣にそそのかされ、残虐な政治をするようになり、最後には父を殺してしまう。

阿羅漢になった者が殺されるという用例は、『自説経』（Ud. i 10）にも見出せるが、ここではそれが過去に為した悪業の果報としてはとらえられていない。しかし、後代になると、過去の悪業にその理由を求める傾向が見られる。

たとえば、マウドガリヤーヤナがブッダの高弟にもかかわらず、外道の者たちが遣った盗賊に殺されてしまう話が『法句経』の注釈書にあるが、その前に「〔マウドガリヤーヤナ〕長老は、自分の為した業が〔その果報を〕引き寄せてくるのを知って、逃げようとはしなかった」（Dhp-a iii 66.4–5）と説くようになる。

以上の説話の記述に基づき、有漏業と無漏業の関係を整理する。出家するまで、人は善業や悪業を積むことになるが、その果報が現れるまでその業は消えない。出家して無漏業を行えば、果報を産むような新たな業は作られない。よって善業・悪業の果報が苦果・楽果として現れれば、それで輪廻をもたらす有漏業はすべてなくなり、結果として輪廻から解脱することになる。

これを、すでに紹介した六師外道の一人マスカリン・ゴーシャーリープトラの毛糸の喩えで説明しよう。毛糸玉が坂道を転がる（輪廻）として、有漏業を行えば、その毛糸は自己増殖して毛糸の先は伸びつづけるので、転がっても転がっても終わることはない。

一方、出家して無漏業を積めば、その増殖は止まり、新たに毛糸の先が伸びることはない。しかし、その毛糸の先の増殖が止まっても、すでに存在している毛糸の分だけは転がらなければならない。ヴィーターショーカやルドラーヤナの場合、残った毛糸に、たまたま過去世に積んだ悪業の果報（「殺される」という苦果）が含まれていたということだ。

二　B群（身体のどの部位を使って行い）

①三業

業の本体は意思

一般的に業（行為）と言えば、「走る」「食べる」「横になる」などの「身体的行為」を想起するが、仏教はこれ以外にも、業を行う場所（身体的部位）を考える。それは「口業（語業）」と

「意業」である。口業とは「話す」という行為、意業は「考える」という行為である。これをまとめて「三業（身口意の三業）」と呼ぶ。

（一）身業……身体的行為（身で行うこと）
（二）口業……言語的行為（口で語ること）
（三）意業……思考的行為（心で思うこと）

八正道で言えば、正思が意業、正語が口業、そして正業が身業に相当する。また、本章第一節でみた十不善業道をこの三業で分類すると、身業は殺生・偸盗・邪淫、口業は悪口・妄語・両舌・綺語、そして意業は貪欲・瞋恚・邪見となり、十（不）善業道は身口意の三業の順番で配列されていることがわかる。

そして、『増支部』に「私（ブッダ）は意思を業と説く。意思を働かせたのちに、身業と口業と意業によって業を作る」と説かれているように、業の本体は「意思の働き」であると明言している点が重要である。仏教が結果論ではなく動機論の立場に立つとされるのは、これが理由である。

この点をジャイナ教と比較してみよう。ジャイナ教も三業を説くが（ただしジャイナ教は「業（karman/kamma）」ではなく「罰（daṇḍa）」と表現する）、このうちジャイナ教は身業を重視する。

つまり「あいつを殺そう！」と考えても、実際に殺さなければ問題ない。一方、仏教は意業を重視するので、実際に殺さなくても、殺意を抱けば罪になる。つまり、ジャイナ教は結果論、仏教は動機論ということになる。

この三業の関係は、ジャイナ教のディーガ・タパスヴィンとブッダとの間に交わされる問答において明確に説かれている。


「ガウタマよ、身業・口業・意業はそれぞれ別であるか」

「タパスヴィンよ、身業・口業・意業はそれぞれ別である」

「ではガウタマよ、別々な三業の中で、どの業が悪業の成熟、悪業の展開に関して最も重いと考えるか。身業か、口業か、あるいは意業か」

「タパスヴィンよ、意業が最も重いと私は考える。身業や口業はそうではない」（MN i 373.11-23）

この後、ジャイナ教では身業が最も重いことが説かれるが、同じ三業を説く仏教とジャイナ教で、その重視する業が異なるのは実に興味深い。最後に、三業の関係を説明した用例を紹介しておく。これは『法句経』冒頭の二偈《げ》であり、口業と身業の基礎として意業を位置づけているので、確認しておこう。

（一）すべては意を先とし、意を第一とし、意からなる（意業）。もし悪しき意を以て語り（口業）行わば（身業）、やがて彼に苦がつき従う。車輪が牽《ひ》く牛の足に従う如く。

（二）すべては意を先とし、意を第一とし、意からなる（意業）。もし善き意を以て語り（口業）行わば（身業）、やがて彼に楽がつき従う。影がその本体から離れぬ如く（Dhp. 1–2）。

②表業／無表業

言葉の意味

つづいて、表業と無表業をとりあげる。「表」の原語はvijñapti/viññattiであるが、これは「知る（vi√jñā）」の使役形に由来する名詞で、「知らしめること」を意味する。すなわち、表業とは「知らしめる行為（外に現れて、外部から認識される行為）」、無表業とは「知らしめない行為（外には現れないので、外部からは認知されない行為）」となる。

これを三業に当てはめると、身業と口業は外から認知されるので、表業と理解されるし、意業は心の中で考える行為であり、外からは認知されないので、無表業に分類できそうだが、身業と口業にも無表業が存在する。

この無表業（目に見えない業）はわかりにくいが、このような業を想定するのには、それなりに理由が存在する。また、無表業を前提とすることで、我々の日常の行動はうまく説明できるので、その点を次に説明しよう。

因と果との時差をつなぐもの

仏教は基本的に因果論の立場に立つ。ここで問題とする業と輪廻も、因果関係を基盤とする。善因楽果・悪因苦果は、業報思想の基本であった。人に親切にして直ちに褒められたり、悪事を働いて直ちに罰せられたりすれば、善因から楽果が、また悪因から苦果が発生するまでの時間は極めて短いが、業によっては、その結果の現れるのに、かなりの時差を生じる場合もある。

たとえば、誠実な日々の努力が三十年後に報われてノーベル賞を受賞するような場合、また人を殺し、十年後に逮捕され、さらにその十年後に死刑になるような場合は、原因となる業が為された時点とそれが果を結ぶ時点で、かなりの時差が生じる。とすれば、時差はあっても、その因と果との間に何らかの結びつきを可能にする〈何か〉を認めなければ、因果関係が成立しなくなる。

こうして、無表業という業が設定されるに至る。つまり、無表業とは、行為がおわれば、それですべてがおわるのではなく、その行為は潜在的な余力として行為者の心身に残存し、それが機が熟して果を結ぶまで継続すると考えられるようになった。潜在的な余力なので、それは外からは見えない。よって、無表業なのである。

つまり無表業とは、因となる業が為されてから果を結ぶまで、業因とその果とを結びつける力として機能すると考えられるようになったので、業とは「行為そのもの」と、その行為が果を結ぶまで行為者に留まりつづける「行為の潜在的余力」の二つを意味することになる。

日常生活と無表業

先ほど、無表業を「行為の潜在的余力」と定義したが、これと並んで、無表業は別の重要な意味をもつことになる。

我々の日常生活に注目してみよう。たとえば箸《はし》の使い方。食事時、我々は箸をもち、ご飯を掬《すく》い、落ちないように口元に運んでご飯を食べていることを意識してやっていない。そんなことは無意識のうちにやってのけている。なぜか。

それは生まれてから今日まで何千回、何万回と同じ行為を繰り返してきたため、我々の中に「箸をもってご飯を食べる」という無表業が形成され、その無表業が意識を越えたところで、我々の体を操っているからだ。

他にも、漢字の読み書き、計算、習い事、服の着方など、日常生活でごく自然に行っていることは、すべてこの無表業が司《つかさど》っているといっても過言ではない。こうして、我々の身心には何万種類もの無表業が形成され、我々の行動を支えているのがわかる。もちろん、この無表業が実際の行動となって現れれば、それは表業になるが、黙って坐っていれば、その人の中にあるさまざまな無表業は目に見えない。

つまり行為は行ってしまえばそれで終わりではなく、繰り返し行えば行うほど、それは習慣となり、心身に無表業として蓄積され、蓄積された無表業は意識を越えて人間の行動を統制するようになる。だから、日常生活は意識せずとも自動化されているし、その自動化を可能にするのが無表業ということになる。

次に、スキーを例にとろう。日本でスキーができるのは冬に限られている。一年のうち、三箇月ほどであろうか。その期間、スキーの好きな人は、週末、スキー場にでかける。そして冬が終わると、九箇月のブランクを経て、再び翌年の冬にスキーをはじめる。

その場合、スキーの腕前（スキル）はゼロに戻っているだろうか。最初、慣れるまで時間はかかるだろうが、少し滑れば昨年の勘を取り戻すことができ、また昨年並みに滑ることができる。業が後にいかなる影響も与えないならば、このような事実は説明できない。無表業を想定し、業が業を強化すると考えて初めて説明がつく。

上達ということも、無表業なしでは説明できない。ピアノやテニスの達人も練習初日はあった。しかし、毎日の練習を重ねることで技術は上達し、プロの域に達すれば無意識に高度な技術が発揮される。それを可能にするのが無表業なのである。

プロのピアニストもテニス選手も、電車に乗っていたら、その卓越した技術は外から見えない。しかし、外から見えないからといって、彼（女）にそのような技術がないわけではない。ひとたびピアノの前に坐ってピアノを弾いたり、コートに立ってボールを打てば、無表業は表業として外に現れ、人々の認知するところとなる。

無形文化財も無表業で説明できる。歌舞伎役者や陶芸家などが長年の稽古や修業で培い形成してきた無表業に文化財としての価値を認め、またそれは目に見えないので「無形文化財」と呼ばれる。まさに無形文化財は無表業に対応しているのだ。しかし、その技が演技や作品として表にでれば、それは表業となる。

では最後に三業と無表業とを使って、日常よく使う「わかっちゃいるけど」を分析してみよう。たとえば、習い事で先生やコーチから指導を受け、「ではやってみて」とうながされても、最初はうまくできない。そこで口をつくのが「わかっちゃいるけど（できません）」。これは意業（頭）で理解していても、身無表業（身の無表業）がまだ形成されていないので、身業でうまく実践できないのである。

次に、悪事を重ねた人が更生し、止めようとしても再犯してしまうことがある。「どうしてまたやったのか」と訊かれてでてくる台詞が、「わかっちゃいるけど（止められませんでした）」である。これは今まで悪事を働いてきたことが強固な身無表業として身体に固着し、意業で悪いとわかっていても、その意業を越えて身無表業が行動を統制し、身業としてやってしまうケースである。

このように、無表業を前提にすると、我々の日常生活がうまく説明できる。

覚りと無表業

仏教は覚り（解脱）を目指す宗教であるから、日常生活を説明するために無表業を考えついたわけではない。無表業は覚りとの関連で説明されるべきであろう。在家者の守るべき戒として五戒があることはすでに説明したが、出家者は覚りを目指すために、出家すれば受戒することになる。

遵守すべき戒は、比丘で二百五十、比丘尼《びくに》で三百四十八あるが、では戒を守ることの意味は何か。儀式を通じて出家者は仏の前で戒の遵守を誓う。五戒に関して言えば、「私は死ぬまで命のあるかぎり、殺生いたしません」と三回誓うのである。すると、戒体（戒の本体）という廃悪修善の力が無表業として身に備わることになる。

卑近な例だが、減量するとき、誰に対して何も言わずに減量を実践するのと、大勢の人の前で「私は減量します」と公言して実践するのと、どちらが効果があるかと言えば、あきらかに後者である。つまり、公言したことが身表業として身に備わり、過食を防いでくれるのである。

こうして廃悪修善を誓うことで悪が実践しにくくなり、善が実践しやすくなる。このような生活を日常化させ、廃悪の無表業が強化されれば、悪を行おうとしてもできなくなり、また修善の無表業が強化されれば、意識しなくても自然に善を実践できるようになるのである。

七仏通誡偈と無表業

ここで、七仏通誡偈《しちぶつつうかいげ》という偈文を紹介しよう。仏教の伝説にしたがえば、ブッダ以前にも六人の仏がいたという。そして、ブッダを含めて七人の仏が共通して誡めとした偈文が、七仏通誡偈である。原文はサンスクリット等で存在するが、ここでは日本人にもなじみのある漢訳を紹介しよう。

諸悪莫作《しょあくまくさ》　もろもろの悪を作すことなく
衆善奉行《しゅぜんぶぎょう》　もろもろの善を実践し
自浄其《じじょうご》意《い》　自らその心を浄めること
是諸仏教《ぜしょぶつきょう》　これが諸仏の教えである

これだけを見ると、極めて当たり前の内容で、何ら難解な教義を説いているわけではない。この偈文をめぐっては、次のようなエピソードが中国にある。唐《とう》代の有名な詩人である白居易《はくきょい》（白《はく》楽天《らくてん》）は、山中の松の木の上で座禅をしていた禅僧の鳥窠道林《ちょうかどうりん》に、「仏教の要点は何か」と質問したところ、道林はこの七仏通誡偈を白居易に説いて聞かせた。

すると彼は、「そんなことは三歳の子供でも知っている」と馬鹿にしたように言うのだが、道林は臆することなくこう答えた。「三歳の子供でも知っているが、八十歳の老人でもこれを実践することは難しい」と。

さて、これを無表業という視点から解釈し直すとどうなるか。最後の二句はそのままでよいとして、最初の二句は次のように読み替えることができる。

諸悪莫作　悪い無表業（習慣）を捨て去り（悪いことが自然にできなくなる）
衆善奉行　善い無表業（習慣）を身につけ（善いことが自然に実践できる）

白居易が馬鹿にするのも無理はないが、この無表業は決して「三歳の子供でも知っている」と侮れない。それは次に説明する戒体（律儀）と関わるからだ。

シールドとしての戒体（律儀）

廃悪修善の無表業が強化されればされるほど、覚りへと近づくことになる。万引きなどの悪事も一回やれば常習化するし、敷居の高い善行も、一回やれば二回目からは実践しやすくなる。

さて「諸悪莫作」と「衆善奉行」の順番について、現実生活においては、両者を相互に実践することになるが、まず実践すべきは「諸悪莫作」であり、それができれば「衆善奉行」という順番が自然であろう。

たとえば、泥棒が家に入ったとして、最初にすべきは、その泥棒を家の外にだすことである（廃悪）。そして次にすべきは、二度と泥棒が家に入らぬよう、戸締まりをきちんとすることである（修善）。これは洗車にも喩えられる。汚れた車を綺麗《きれい》にするには、まず車の汚れを洗い流してから、汚れをつきにくくするためにワックスをかける。

ではこの譬喩をもとに、戒体について再び考えてみよう。戒体は律儀とも言う。出家者の守るべき戒律は二百五十あるが、これを波羅提木叉（prātimokṣa/pāṭimokkha）と言い、これを守ることで、一つ一つの戒がそれぞれの個別の悪を防ぎ、解脱に導く無表業として機能するから、「別《べつ》解脱律儀《げだつりつぎ》」とも言う。

戒体（律儀）とはイメージしにくいが、あえて言えば、身体の表面を覆うシールド（ワックスの皮膜）のようなものと考えればよい。これが悪の浸食から身体を防いでくれる。これは律儀の意味を考える上で有効である。

律儀の原語はsaṃvaraであるが、その原意は「防御」である。無漏業を説明する中で、「漏（āsrava/āsava）」の問題をとりあげたが、そのさい、この語の原意は「漏入・流入」であることを指摘した。まさに、律儀は悪の侵入を防ぐ行為なのである。

では最後に、A群とB群の業をあわせて図式化しておく。このA群とB群の業の掛け算で我々の業は成立している。では、その結果どうなるのか。

10月の新刊 ●8日発売 ちくま文庫

論語
齋藤孝 訳

「精神の基準」となる一冊

「学ぶ」ことを人生の軸とする。――読み直すほどに新しい東洋の大古典『論語』。読みやすい現代語訳に原文と書き下し文をあわせ収めた新定番。

43386-2
950円+税

ぽんこつ
阿川弘之

とびきり素敵な昭和の恋物語

文豪が残した昭和のエンタメ小説! 時は昭和30年代、知り合った自動車解体業「ぽんこつ屋」の若者と女子大生。その恋の行方は? (阿川佐和子)

43389-3
900円+税

最終戦争／空族館
今日泊亜蘭 日下三蔵 編

日本SFの胎動期から参加し「長老」と呼ばれた作家の、未発表作「空族館」や単行本未収録作10作を収録したオリジナルアンソロジー。 (峯島正行)

43393-0
1100円+税

きもの自在
鶴見和子 聞き手＝藤本和子

インドのサリーや中国の刺繍布を着物や帯に仕立て、異文化の豊かな出会いを楽しむ。着物は魂のよりどころと語る著者の自在な着物術。 (田中優子)

43391-6
880円+税

吉本隆明という「共同幻想」
呉智英

熱狂的な読者を生んだ吉本隆明。その思想は「正しく」読み取られていただろうか? 難解な吉本思想の核心を衝き、特異な読まれ方の真実を説く!

43392-3
720円+税

価格は定価(本体価格+税)です。6桁の数字はJANコードです。頭に978-4-480をつけてご利用下さい。
内容紹介の末尾のカッコ内は解説者です。

chikuma primer shinsho

ちくまプリマー新書《さいしょのしんしょ》

★10月の新刊 ●7日発売

263
新聞力
▼できる人はこう読んでいる
明治大学教授 **齋藤孝**

記事を切り取り、書きこみ、まとめる。体ごとで読めば社会を生き抜く力、新聞力がついてくる。効果的なメソッドを通して、グローバル時代の教養を身につけよう。

68968-9
780円＋税

264
冒険登山のすすめ
▼最低限の装備で自然を楽しむ
米山悟

日常生活の便利さを手放して、自然に身を置けば、眠っていた冒険心が目を覚ます！ はじめての山行は住まいの近くから、いつかは冬山でイグルー泊をしてみよう。

68965-8
820円＋税

265
身体が語る人間の歴史
▼人類学の冒険
京都大学名誉教授 **片山一道**

人間はなぜユニークなのか。なぜこれほど多様なのか。日本からポリネシアまで世界を巡る人類学者が、身体の歴史を読みとき、人間という不思議な存在の本質に迫る。

68971-9
860円＋税

好評の既刊 ＊印は9月の新刊

投票に行きたくなる国会の話 政野淳子 よりよい社会を作るために国会議員を活用しよう 68962-7 820円＋税

国家を考えてみよう 橋本治 国家は国民のもの。難しくても考えなければなりません 68961-0 820円＋税

学校が教えないほんとうの政治の話 斎藤美奈子 あなたの「ひいきのチーム」を見つけよう 68966-5 820円＋税

戦争とは何だろうか 西谷修 敵は誰なのか？ 歴史をさかのぼり戦争を考える 68956-6 820円＋税

楽しく習得！ 英語多読法 クリストファー・ベルトン 渡辺順子訳 習得の早道がここに 68960-3 860円＋税

文学部で読む日本国憲法 長谷川櫂 文学の作法で読む憲法は何を我々に語りかけるか 68963-4 780円＋税

歌舞伎一年生 中川右介 ──チケットの買い方から観劇心得まで まず見よう。かっこよくて美しいと分かるはず！ 68964-1 780円＋税

＊**レジリエンス入門** 内田和俊 ──折れない心のつくり方 これを知れば、人生はもっとうまくいく！ 68967-2 820円＋税

価格は定価（本体価格＋税）です。6桁の数字はJANコードです。頭に978-4-480をつけてご利用下さい。

A群（業の内容）

- 業
  - 無漏業（非黒非白業）
  - 有漏業
    - 白業（善業）
    - 黒白業
    - 黒業（悪業）
    - 無記業

B群（業を行う身体的部位）

- 三業
  - 身業（身表業＋身無表業）
  - 口業（語表業＋語無表業）
  - 意業（無表業）
- → 五業

三　C群（その結果どうなるのか）

①定業／不定業

ブッダさえも拘束する定業

前節までで、過去世で為した業が、無表業として行為者の心身に潜在化し、現在世あるいは未来世において果を結ぶことが理解されたが、本節では結果に重点を置いた業の分類を紹介する。

まずは定業《じょうごう》と不定業から。端的に言えば、業の報いがあると決定しているのが定業、そうでないものを不定業と言う。定業については、第二章第一節の「業の不可避性」で説明したとおりだが、定業はブッダさえも避けることができないとされる。それを如実に示す説話を紹介しよう。

これは、ブッダが現世で足に傷を受けたことをブッダの過去世の悪業で説明するという、きわめて異色の説話である。怪我をさせたのは、ブッダの従兄弟デーヴァダッタであり、彼はブッダにさまざまな悪事を働いたとされるが、その中の一つが、山頂から大岩を落として、ブッダを殺害しようとした話である。

世尊は露地に立った後、山の洞窟に入った。デーヴァダッタは五百人の従者を従えて装置を作動させ、世尊めがけて岩を放った。〔それを〕夜叉《やしゃ》ヴァジュラパーニが粉砕し、世尊のいた場所に落ちてこようとしたその半分を夜叉クンビーラが摑もうとしたが、巧く摑めず岩に当たって死んでしまった。世尊は飛び上がったが、石の破片で足が傷ついた。そのとき、世尊は詩頌を唱えた。

「虚空も大海の中も、山の洞窟に入りても、業の力が及ばぬ場所は何処《どこ》にもなし」と

(SBhV 168.22–31)。

同様の話は別の資料にも見られるが、そこではブッダが砕けた石を避けるために、あちこち逃げ回るが、どこに行ってもその石はブッダに従い、ついにその石はブッダの足に落ちて、ブッダの足を傷つける結果となっている。業の果報の受け手がブッダだけに、最後で説かれる詩頌には、

迫力と説得力がある。

無論、これは後代の創作であるが、覚りを開いた教祖ブッダでさえ悪業の果報から逃れられないと説くことは、業報の不可避性を強調する上で、極めて有効だったに違いない。ともかく、このように報いがあると決定しているのが定業である。

別の解釈

以上は説一切有部の解釈だが、南方上座部はこれとは違った解釈をする。用例は『ミリンダ王の問い』から。ミリンダ王が、「ブッダが足を怪我されたのは過去世での悪業のせいではないか」と質問すると、ナーガセーナは次のように答える。

「大王よ、実に感受されたもののすべては、業を根本とするものではありません。大王よ、八つの原因（風、胆汁、粘液、その三つの和合、季節の変化、不正な姿勢、障害、そして業の異熟）によって感受されたものが生じますが、それらの原因によって、多くの人々は〔苦しみの〕感覚を感受します。（中略）大王よ、それ故に〔感受されるもの〕は業の異熟から生じることは少く、残りのもの〔から生じること〕の方がより多いのです。これについて愚者たちは『すべてのものは業の異熟から生じたものだけである』と極論するのです。

〔中略〕大王よ、如来は大地のように、そのように見られるべきです。たとえば、〔虚空に投げられた〕土塊が大地に落下するのは、前世で為した業によって〔大地に落下するの〕ではないように、それと同様に、大王よ、如来の足にその石の破片が落下したのは前世で為した業によるものではないのです」(Mil. 137.2-5)

このように、業の因果関係は認められなければならないが、我々が感受する苦・楽がすべて前世で為した業の結果ではないことをナーガセーナは指摘する。このように同じ事象も部派によって解釈は異なり、業思想が普遍的事実ではないことはあきらかである。業思想はあくまで主体的事実として受け取られるべきものである。

なお、不定業とは報いがあると決定していない業なので、その用例をここで示すことはできない。

②三時業

三時とは

では、その定業の果報がどの時点で現れるかについて説明するのが三時業《さんじごう》である。すなわち、善悪業の果報を受ける時期によって三種に分けたものである。

・順現法受業《じゅんげんぽうじゅごう》……現在世で業を為して、その報いを同じ世で受ける業
・順生受業《じゅんしょうじゅごう》……その報いを次の世で受ける業
・順後受業《じゅんごじゅごう》……その報いを次の次の世（第三生）以降で受ける業

これを見れば、現在世で為した業の報いがこの世で現れるとは限らない。ここが重要である。この世の中には、悪人が楽を享受し、善人が辛酸《しんさん》をなめるといった不合理がまかりとおっているので、これを合理的に理解するには、どうしても次の世、あるいは次の次の世を設定せざるをえないのである。

古代インドにも不合理な現実はあった

また、別の経典はこの不合理な世の中を、違った観点から合理的に説明しようとする。それは『中部』の「分別大業経《ふんべつだいごうきょう》」である。ここでは「善業／悪業」と「善趣／悪趣」の掛け算から、以下のような四種の類型を提示する。

（一）現在世で悪業を積んでも死後に善趣に生まれる者
（二）現在世で悪業を離れても死後に悪趣に生まれる者

（三）現在世で悪業を積んで死後に悪趣に生まれる者
（四）現在世で悪業を離れて死後に善趣に生まれる者

このうち（三）と（四）は合理的であり、問題はないが、（一）と（二）は、悪人が楽を享受し、善人が辛酸をなめる例となるので、きわめて不合理に見える。問題はこの（一）と（二）をどう考えるか。現在世のみならず、二千五百年前のインドにおいても、同様の事態は生じていたわけだ。だからこそ、合理的な説明が必要となる。ブッダの答えは次のとおり。

（一）現在世での悪業の結果、善趣に生まれ変わったわけではない。現在世よりも以前の生涯において善業を積んだか、あるいは臨終間際に善心を発したからである
（二）現在世での善業の結果、悪趣に生まれ変わったわけではない。現在世よりも以前の生涯において悪業を積んだか、あるいは臨終間際に悪心を発したからである

まことに巧みな論法である。このブッダの説明は「過去↓現在」の次元でなされているが、これを「現在↓未来」の次元に置き換え、三時業の順後受業を用いれば、「この現在世での悪業（善業）の結果は、次の世ではなく、次の次の世（第三生）以降で受けることになっている」という説明も可能になる。

すでに指摘したように、我々の全生涯を生まれてから死ぬ「この生」に限定すれば、不合理な世の中は説明できないが、生まれる前、あるいは死んだ後の生を想定すれば、どんな説明も可能になるのである。

③共業／不共業

キリスト教との違い

ここでとりあげるのは、共業《ぐうごう》・不共業である。「共」は「共通」の意味であるから、共業とは「共通する業」、不共業とは「共通しない業」となる。何と共通しないかと言うと、「他の有情（生きとし生けるもの）と」である。つまり、不共業とは個々の有情が作る業であり、自業自得を原則とする仏教の業論において容易に理解される。これまで本書で取り扱ってきた業は、基本的にすべて不共業である。

では「他の有情と共通する業」とは、いかなる業を指すのか。これはすべての有情（あるいは、ある特定の有情）が作る業であり、したがってその果報もすべての有情（あるいは、ある特定の有情）で共有することになる。

キリスト教は天地創造の主として神をたてるが、仏教でこの天地を創造したのは、神ではなく有情の業であると考える。つまり、有情が住まう自然環境、太陽や月を含め、大地や天空、そして山川草木にいたるまで、すべて有情の業によって産出され、その果報としての自然環境をすべての有情が共通して使う。

仏教ではこの天地創造に「始まり」を設定しない点も特徴的である。キリスト教では神が天地を創造した時点が天地の始まりとなるが、仏教はその始まりもないし終わりもないとし、ある悠久なる時間のサイクルに基づき、世間は生成されては消滅し、さらにまた生成され、この繰り返しが永遠に続くと考える。

こうして、共業によってつくりだされる自然環境を「器世間《きせけん》」、またその器世間に住まう生物を「有情世間」とよび、こちらは不共業によって産みだされると説く。この二つの世間によって、我々の世界は構成されているのだが、有情世間が生死を繰り返して輪廻するように、器世間は業によって生成され、業によって維持され、業によって消滅し、生成と消滅とを繰り返す。

器世間の生成と消滅

ではその器世間は、どのように消滅し、どのように生成されるのか。定方［1973: 109-116］によりながら、その内容を確認してみよう。このサイクルは四段階からなり、どれも二十中劫《ちゅうこう》（「劫《こう》」は極めて永い時間単位）を要する。（一）消滅していく時期（壊《え》劫《こう》）、（二）消滅した状態のつづく時期（空劫《くうこう》）、（三）生成してゆく時期（成劫《じょうこう》）、そして（四）生成して存在しつづける時期（住劫《じゅうこう》）である。

（一）壊劫では、世間が地獄から壊れる。まず地獄の住人が姿を消して有情が皆いなくなったとき、地獄という場所そのものがなくなる。同様に、餓鬼・畜生の場所が消える。人間は色界第二禅に生まれ変わり（避難）、もはや世間を作る有情の業が存在しなくなったとき、七つの太陽が現れ、欲界を焼き尽くしてしまう。

（二）このあと空劫が二十中劫つづき、空劫が終わると（三）成劫がはじまる。まず、有情の業の力によって微細な風が動きだす。これをはじめとして徐々に欲界が形成されはじめ、すべてがもとどおりになると、壊劫のときに色界に避難していた有情たちが再び欲界に戻ってくる。こうして有情が上から下へすみずみまで満ちわたったとき、成劫はおわる。

このあと（四）住劫が始まる。ここでは、成劫で生成しおえたものが、存在しつづけるだけである。この住劫を特徴づけるものに「小の三災」と「大の三災」とがある。小の三災とは、戦争・疾病・飢饉《ききん》のことで、住劫のある時期にかならず起こる。こうして、壊・空・成・住の一周期が完結する。この八十中劫を一大劫と言う。

これに対し、大の三災とは、火災・水災・風災の三つを言う。一大劫（壊・空・成・住の一周期）ごとに七つの太陽が焼き尽くすという火災があることはすでに説明したが、この一大劫が七回繰り返されると、次の壊劫がめぐってきたときに、水災がおこり、色界第二禅以下を破壊させる。

さらに怖いのは風災であり、これは水災が七回おこってさらに七回の火災を一度繰り返して、次の壊劫がめぐってきたときにおこり、色界第三禅以下を破滅させる。この風災がやって来る周期は六十四大劫ごとであり、これを六十四転大劫と言う。つまり、大の三災から安全なのは、色界第四禅ということになる。

このような壮大な時間の中で、器世間は生成と消滅を繰り返し、その器世間に住む有情は、各々が為した業にしたがって輪廻を繰り返すことになるが、仏教はその輪廻から解脱することを目指すのである。

通常、共業と言えば、器世間の因となる業を言うが、ある特定の有情（種族・民族・国民など、ある特定の集団）に共通の業と考えてもよい。「共業」という述語は用いられていないが、初期経典で言えば、コーサラ国の属国であったシャーキャ族は、コーサラ国王に滅ぼされてしまう話が共業の例であると中村［1993: 667］は指摘するが、次に紹介する説話も共業の好例であろう。

説話に説かれる共業

『ディヴィヤ・アヴァダーナ』第三十七章（平岡［2007b: 466-547］）には、「共業」という言葉は使われていないが、ある特定の集団が共通しておこった業の果報を共通して受けるという話がある。

本章の前半は、すでに紹介したように、王位を捨てて出家して阿羅漢になるも、最後は過去世の悪業が祟《たた》って息子に殺されてしまうルドラーヤナ王と、阿羅漢の父親を殺したため、二つの無間業を犯したことになり、地獄に生まれ変わることになる王子シカンディンの物語を扱う。

後半はルドラーヤナ王の都城ロールカが、王となったシカンディンや都城の住民の悪業により、土に埋もれる話を扱うが、ここでは善良な大臣二人とその身内だけが船に乗って助かるという逸話を挿み、仏教版「ノアの方舟」物語とも言うべき内容を含む。

あるとき、シカンディンは仏弟子カーティヤーヤナと道で出会うと、彼に砂をかけて埋もれさせた。その業により、ロールカの町は土の雨で埋もれてしまう。筆頭大臣のヒルとビルはそこから脱出し、カーティヤーヤナも脱出すると、各地を遊行して有情を教化しつつブッダのもとに戻った。そこで、比丘たちはブッダに質問をした。

「大徳よ、シカンディン〔王〕、〔都城〕ロールカに住む人々、そして同志マハーカーティヤーヤナは、いかなる業を為したがために土に埋もれてしまい、筆頭大臣ヒルとビルは〔いかなる業を為したがために〕脱出できたのですか」（Divy. 584.10-13; cf. 平岡［2007b: 512］）

これを受けて、それぞれの果報をもたらした業を説明するために、ブッダは過去物語を説く。ある村の長者の娘（シカンディン）は家を掃除しその塵《ちり》を裏庭に捨てると、それが独覚の頭に落ちたが、後悔の念はなかった。

さてその日に限って偶然、彼女に求婚者があらわれたので、兄（カーティヤーヤナ）から「何をしたのか」と尋ねられ、「独覚に塵を落とした」と答えると、彼は笑ってしまった。

それからというもの、求婚者を求める者は独覚の頭上に塵を落とせばよいという噂が広まり、女たち〔ロールカの人々〕は仙人たちの頭上に塵を落としはじめたが、その村に住んでいた二人の長者〔ヒルとビル〕に諭《さと》されて女たちはそれを止めた。こうして過去の話を説き終えると、ブッダは次のように過去と現在とを結びつける。

「比丘たちよ、どう思うか。〔その時その折に〕独覚の上に塵を棄てた娘こそシカンディン〔王〕であり、その村に住んでいた人々こそ〔都城〕ロールカに住んでいた人々である。彼らは独覚たちの上に塵を〔云々〕という悪見〔悪い噂〕を生じたが、その業の異熟として土に埋もれたのである。〔その非行を〕止めさせた二人の長者こそ筆頭大臣ヒルとビルであり、この業の異熟として脱出できたのである。〔妹の話を聞いて〕失笑した少女の兄こそ比丘カーティヤーヤナである。彼は失笑したが、その業の異熟として土に埋もれたのだ。もしも彼が失笑しなかったならば、土に埋もれることはなかったであろう。〔また〕もしも彼が〔他の人々と同様に〕悪見を生じていたら、比丘カーティヤーヤナも〔完全に〕土に埋もれ、不運にも命を落としていただろう」（Divy. 585.19–586.3; cf. 平岡［2007b: 513–514］）

このように、ロールカの住人が土に埋もれたのは、傍線で示したとおり、悪い噂を流したという共業によるものであると考えられる。

では、A群、B群、そしてC群すべての業をまとめて示すと、次のようになる。

A群（業の内容）

- 業
  - 無漏業（非黒非白業）
  - 有漏業
    - 白業（善業）
    - 黒白業
    - 黒業（悪業）
    - 無記業

B群（業を行う身体的部位）

- 三業
  - 身業（身表業＋身無表業）
  - 口業（語表業＋語無表業）
  - 意業（無表業）

（身業・口業）― 五業

←（A群×B群→C群）

C群（結果からみた業の分類）

- 業
  - 共　業（器世間）
    - 不定業
    - 定業―三時業（順現法受業・順生受業・順後受業）
  - 不共業（有情世間）
    - 不定業
    - 定業―三時業（順現法受業・順生受業・順後受業）

（なお、C群は、仏典の記述に従ったものではなく、私の恣意的な整理である）

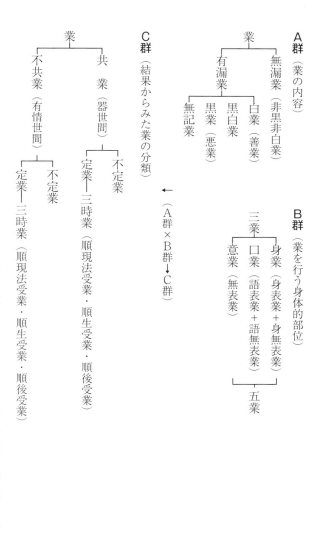

第四章

ブッダと業

一　仏と法との関係

三宝

仏教には三つの宝がある。すなわち、仏・法・僧の三つである。この三宝に帰依することが仏教徒になるための条件であり、時代と地域は異なっても、この条件に変化はない。仏は真理に目覚めた人、法は仏が目覚め、人々に説き示した真理（あるいは教え）、そして僧はその法にしたがって修行する人々の集団を指す。

僧はともかく、仏と法の関係はどうか。どちらが上位概念となるのか。結論を先に言えば、法が仏の上位概念となる。いくつか、その根拠を示そう。まずは、「自灯明《じとうみよう》・法灯明《ほうとうみよう》」から。

臨終にやや先だって、弟子のアーナンダが仏滅後の仏教徒のあり方をブッダに訊ねた時のブッダの答えが、この「自灯明・法灯明」であった。「私が死んでも、真実の自己と法（真理）とを拠り所とせよ」という意味だが、ここでブッダは「私（仏）を拠り所とせよ」とは説かなかった。

次はブッダが目覚めた縁起の理法に関する定型表現をとりあげよう。たとえば、『相応部』では次のように説かれている。

「比丘たちよ、縁起とは何か。比丘たちよ、生を縁として老死がある。如来《にょらい》が〔世に〕出ても、あるいは如来が〔世に〕出なくても、この道理は定まり、法として定まり、法として確定している。それは相依性のものである。如来はこれに目覚め、〔これを〕覚り、理解する。覚り、理解してから、宣言し、説示し、告知し、宣布し、開陳し、分別し、あきらかにし、『お前たちは見よ』と言う」（SN ii 25.17–23）

如来（ブッダ）の出生いかんに関わらず、法は法として確定しているという表現だが、ここにも仏と法の主従関係が明確に説かれていると言えよう。

また、次のような用例もある。これも『相応部』の用例から。ここでは成道《じょうどう》直後のブッダが、誰にもたよらず誰をも敬わずに生きていくことに虚しさを感じ、心の中で次のように考える。

〈まだ満たされていない戒蘊《かいうん》を満たすために、他の沙門あるいはバラモンを敬い、重んじ、近づいて生活しよう。しかし、私は天・魔・梵天《ぼんてん》を含む世間において、沙門・バラモン・人・天を含む人々の中で、私以上に戒を成就し、〔それゆえに〕私が敬い、重んじ、近づいて生活できるような沙門やバラモンを見たことがない（以下、定蘊《じょううん》と解《げ》脱蘊《だつうん》について同じ表現が繰り返される）。いざ私は私が覚った法、この法こそを敬い、重んじ、近づいて時を過ごそう〉（SN i 139.5–27）

傍線で示した箇所は、「仏が法を敬う」とするので、仏と法の主従関係を明白に規定している。これについて中村［1988: 189］は、インド人一般の思惟方法の特徴が「普遍者に対する随順」にあるとし、「このような思惟方法にもとづくかぎり、真理を説く人の歴史性は、ややもすれば撥無される傾向が生じる。個人に対する法の優越性を強調する結果として、最上の人格者といえども、普遍的な法を実現したひとつの個別的事情にすぎないということになる」と指摘している。

車の両輪のごとく

確かに理念的には、法が仏の上位に位置するが、その法も仏によって覚られ、言葉として説かれなければ、我々が認識することはできない。この意味では、仏が法に劣ることはなく、それ以上とも言えよう。

たとえば三宝の順番を見れば、法よりも先に仏が置かれている。本来、法が仏の上位概念であるにもかかわらず、三宝においては、なぜ仏と法の地位が逆転するのか。この問題を考察した三枝［1999: 87–101］の所論に耳を傾けてみよう。

三枝は初期経典の用例を渉猟《しょうりょう》し、まず仏が、そして次に法が説かれるという順番は常に不動であり、一定であることを確認する。では、なぜこの順番なのか。これについて三枝は、初転法輪《しょてんぼうりん》、すなわちブッダの最初の説法の場面に注目する。

ブッダが最初に説法したのは、苦行時代の五人の修行者であった。ブッダは最初、禅定の師匠であったアーラーダ仙とウドラカ仙に説法しようとしたが、二人とも他界しているのを知ると、その対象を五人の修行者に変えた。そしてかれらが住むサールナートに向かい、彼らに説法しようとする。

最初は無視を決め込んでいた五人の修行者だったが、そこに現れたのは、苦行を放棄した人間ではなく、真理に目覚めて、文字どおりブッダとなった人間であった。その威光におされた彼らは思わず立ち上がり、ブッダを恭《うやうや》しく迎えることになる。

そしてそのブッダから法を聞き、彼らも真理に目覚めることになった。つまり、五人の修行者からすれば、ブッダとの出会いが先であり、その後、彼の口から流れ出た法に触れるのは、その後ということになるのである。そして三枝は指摘する。

しかもダンマは、ブッダという特定の個人のいわば人格そのものに裏づけられており、そのブッダ個人を除いては、このダンマそのものは出現し得なかった。すでに存在していたはずのダンマの自己開陳では決してなかった。このダンマはブッダという個人—人格を通してこそ、ダンマであり得た、ダンマとなり得た、といっても過言ではない（ダンマ＝ダルマ。補足は平岡）。

このように理念的には法が仏に先行するが、五人の修行者にとっては、ブッダという人格が先にあり、その後にダルマが現前したことになるので、教えを受ける仏教徒の目線に立てば、三宝の順番は仏が法に先んじていると三枝は推定する。

この意味では、法なくして仏は存在し得ないし、仏なくして法は我々に知り得ないので、車の両輪のごとく、両者は存在するということになろう。ただ信仰の場面においては、仏を重視する立場もあれば、法を重視する立場もある。念仏（南無阿弥陀仏《なむあみだぶつ》）は仏の立場、題目（南無妙法蓮華経《なむみようほうれんげきよう》）は法の立場を象徴している。

ジャータカ

では仏と法の関係をふまえ、次に説話文献でブッダがどのように説かれているのかを見ていこう。より詳しく言えば、説話文献はブッダと業の関係をどのように見ているのかという問題である。

これから紹介するように、ジャータカと呼ばれる説話文献と、アヴァダーナと称される説話文献とでは、ブッダの扱いが正反対となる。この比較は、同じ説話文献でも、その編纂の目的が異なれば、ブッダ観に大きな違いが見られることを表している。では具体的な話を紹介する前に、まずはジャータカがどのような文献かを解説しておこう。

一般にジャータカと言えば、ブッダの本生《ほんしよう》（過去世での生涯）物語ということになっているが、発生的にはそう単純ではない。詳細は杉本［1993a］にゆずるが、「ジャータカ」とは本来、「この世に生まれてくるよりも前の生涯の物語」あるいは「現在の事件を過去の物語によって理由づけるという説法の一形式」に過ぎなかったものが、比較的後世になって、菩薩の理念との融合がなされたという指摘がある。

起源の問題はともかく、ここではジャータカを「ブッダの本生物語」と理解しておく。ではなぜこのような物語が創作されたのかというと、それはブッダの覚りの神格化にある。一般的な仏伝によれば、ブッダは二十九歳で出家し、三十五歳で覚りを開いたとされるので、修行の時期は六年となるのだが、ブッダの滅後、教祖ブッダの神格化に連動するかたちでブッダの覚りの神格化が始まった。

つまり、ブッダの覚りは今生の六年の修行で達成されたのではなく、インドにもともとあった輪廻思想を背景に、過去世からずっと継続されてきた修行の成果と考えられるようになったのである。

こうして、ブッダの本生物語が誕生し、多くの物語が作られるようになったが、その過程で修行の起点が問題になった。つまり、ブッダの修行はいつ始まったのかと。こうして考えだされたのが、燃灯仏授記《ねんとうぶつじゅき》の話である。

彼は過去世で燃灯仏と出会い、仏になることを決意して泥の上に自らの髪を布《し》き、燃灯仏を渡そうとし、また成仏の誓願を立てたので、それを見た燃灯仏は彼に「お前は将来、シャーキャムニと呼ばれるブッダ（仏）になるだろう」と、成仏の記（予言）を授けた（授記）と言う。とすると、この時点でブッダは「単なる有情（sattva/satta）」ではなく、「覚り（bodhi）を求める有情」、あるいは「覚りが確定している有情」となるので（干潟［1981］）、燃灯仏授記以降、今生で覚りを開くまで、彼は「菩提《ぼだい》（bodhi）薩埵《さつた》（sattva/satta）」と呼ばれることになり、これを省略して「菩薩」という呼称が誕生する。

そして、燃灯仏授記を起点に「覚りを求める有情（菩薩）」としてブッダは善行や修行を積むことになるが、こうして創作されたジャータカの物語は、仏教内部で新たに創作された話もあれば、当時のインドにあった民話の英雄譚が利用された場合もあるだろう。日本で言えば、金太郎や一寸法師など、何でもブッダの本生にすれば、どんな話でもジャータカに改変可能なのである。

南方上座部では、短い話から長い話まで、全部で五百四十七のジャータカが作られた。北伝資料にも『ジャータカ・マーラー』（サンスクリット）、あるいは『生経』（漢訳）という独立した文献もあれば、律蔵の中の引用されている個別のジャータカや、逆に律蔵で誕生したジャータカも存在するかもしれない。

形式的にジャータカは、現在物語・過去物語・連結の三部からなる。現在物語では、過去物語の導入となる現在の出来事が説かれ、「そのようなことは過去にもあった」として過去物語が説かれる。そして最後の連結では、過去物語と現在物語の登場人物の同定が行われるという流れになっているが、メインは過去物語であり、分量もここが一番多い。

アヴァダーナ

ジャータカとは別にアヴァダーナと呼ばれる説話が存在する。成立史的にはジャータカの後発と考えられるが、ジャータカ同様、その発生経緯や「アヴァダーナ」の語義については、まだ充分には解明されていないのが実情だ。杉本［1993b: 25-27］を参考に、ジャータカとアヴァダーナの相違をまとめると、次のとおりである。

（一）古くはジャータカがアヴァダーナを含んでいたが、後世にはこれが逆転し、アヴァダーナがジャータカを含むようになる。もともとは、過去物語に終始するのがアヴァダーナで、過去物語の人物が現在物語の人物と同定される場合はジャータカと名づけられた

（二）ジャータカが民話を素材とした自然発生的な話が多いのに対し、アヴァダーナは主として創作的な伝説であり、基本的に仏教的教訓あるいは価値観を強く意識して創作され、それが後期になると、業報と結びついた

（三）ジャータカが現在の事跡が過去においてもあったとして、同じ事の繰り返しを語るものであるのに対し、アヴァダーナは現世の状況を過去の業に求めるもので、善悪の観点から物語られ、ジャータカのように単なる事柄の繰り返しを説くのではない

（四）ジャータカでは現在物語よりも過去物語の方が主体をなしているが、一般的なアヴァダ

ーナでは現在物語の方が主で、過去物語は付随的に語られる場合もある。またジャータカの主役はブッダであるが、アヴァダーナでのブッダは脇役に回ることがほとんどで、主役となる仏弟子や仏教信者の業の因果関係を説明する役割を果たす

しかし、このようにアヴァダーナを形式やその内容から理解しても、なおアヴァダーナとジャータカとに関しては大きな問題が残る。それは、形式的にはあきらかにジャータカである物語がアヴァダーナと呼ばれることがあるからだ。そこで次に、この問題を説話の「用途」という点から考えてみよう。

アヴァダーナが漢訳仏典で「譬喩」と翻訳されていることに注目した平川［1989a: 101-140］は、〈般若経〉の注釈書である『大智度論《だいちどろん》』で「阿波陀那《あばだな》（アヴァダーナの音写）」として説かれている説話を六つピックアップし、いずれも教訓的な譬喩として用いられたことを指摘する。つまり、誰かを諫《いさ》めたり、比丘同士の争いを諭す目的で使われた説話がアヴァダーナと呼ばれたのではないかと推定する。

だとすれば、形式的にはジャータカであっても、それが何らかの教訓的な例え話（譬喩）として使われれば、アヴァダーナと呼ばれても不思議ではない。換言すれば「形式的にはジャータカと見なしうる話が、アヴァダーナとして機能する」ということになる。ここでは、「内容・形式」という点からではなく、「用法・用途」という点に着目した、興味深いアヴァダーナの定義

である。

しかしここでは、アヴァダーナを便宜的に「業報説話」ととらえ、形式的にはジャータカと同じように、現在物語・過去物語・連結の三部からなり、業の因果関係（あるいは業因と業果の対応関係）をテーマにした説話と理解しておく。

なお、先ほどの（四）の説明で、「アヴァダーナではブッダが脇役に回ることがほとんど」と説明したが、まれにブッダが主役を演じるアヴァダーナが存在し、このタイプの話がブッダと業の関係を知る上で実におもしろいのである。

二　ジャータカに登場するブッダ

兎本生話

では具体的な説話を紹介しよう。『今昔物語《こんじゃくものがたり》』にも収録されている兎の話である。月に兎の姿が見えることを説明する説話はアジアにいくつかあるが、インドの『生経』第三百十六話（Jā. iii 51 ff.）にも、これを説明する話が見られる。

シュラーヴァスティー（舎衛城《しゃえじょう》）の資産家がブッダを上首とする五百人の比丘を食事に招待し、七日間、食事等の資具でもてなした。するとブッダは、「優婆塞《うばそく》よ、あなたは喜んでよい。なぜなら、この布施というものは、昔の賢者たちの伝統であるからだ。昔の賢者たちは、訪れた乞食者に命を捨てて自分の肉をも施したのだ」と言って、過去のことを話した。

以上が、過去物語の導入となる冒頭の現在物語であり、これを承けて、量的にも物語の中心を占める過去物語がブッダによって説かれることになる。

昔々、バーラーナシーでブラフマダッタ（梵与）王が国を統治していたときのこと、菩薩（ブッダの本生）は兎として生まれ、仲間であるサルとジャッカルとカワウソの三匹とともに森に住んでいた。あるとき、兎は言った。「布施をするべきである。戒律を守るべきである。斎戒日の行を実践すべきである」と。

斎戒日を前日に控えたある日、「明日は斎戒日だから、皆さんも戒律を守り、布施を実践すれば、大きな果報がある。乞食者がきたなら、自分の食料を残して、彼に布施すべきである」と兎は念を押した。

三匹はそれぞれ自分たちの食料を確保し、それぞれ「時がきたら食べよう」と食料を残しておいた。一方、菩薩の兎は次のように考えた。〈私のもとにやってくる乞食者に私の食料である草を布施するわけにはいかない。もしも私のもとに乞食者がやってきたなら、私自身の身体の肉を布施することにしよう〉と。

これを知ったシャクラ（帝釈天《たいしゃくてん》）は、この兎の決意が本当かどうかを確かめるためバラモンに変装し、三匹にそれぞれ食を乞うと、カワウソは魚、ジャッカルかトカゲ一匹とヨーグルト一壺、サルはマンゴーと冷水を、それぞれバラモンに布施した。

バラモンは最後に兎のもとに行き、食を乞うと、兎は彼にこう言った。「よく私のもとに来てくれました。私は今まで自分でもしたことのないような布施をします。あなたは薪《まき》を集めて火をおこして下さい。私はそこに飛び込み、私の身体が焼けたなら、それを召し上がって下さい」と。バラモンがそうすると、菩薩は自分の毛の中にいる虫を巻き添えにせぬよう、三度身体を振ると、その火の中に飛び込んだが、その火は兎の毛孔一つ焼くことはなかった。そこでシャクラは自分の正体を明かし、「私はバラモンではなく、シャクラであり、お前を試すためにやってきたのだ」と告げた。

そして兎の偉業が後世に永遠に知られるように、山を圧搾《あっさく》して山の汁を搾《しぼ》り、円い月面に兎の姿を描くと、自分の天の住居に戻っていった。

以上が、過去物語である、これを承けて、最後に連結（過去物語と現在物語の人物の同定）が、ブッダによって次のように説かれる。

「そのときのカワウソはアーナンダ（阿難《あなん》）、ジャッカルはマウドガリヤーヤナ（目連《もくれん》）、猿はシャーリプトラ（舎利弗《しゃりほつ》）、そして兎の賢者は私であった」

一見すれば、何の変哲もない説話なのだが、業思想という点からこの説話を見れば、変哲のある説話として再認識しなければならない。

本書で見てきたように、六道輪廻のうち、地獄・餓鬼・畜生（動物）は三悪趣として位置づけられ、悪業を犯した有情が堕ちる領域である。そしてここに堕ちれば、その悪業を清算するために苦果を経験しなければならない。

この話でブッダは兎に生まれ変わっているわけであるから、彼は畜生界にいることになる。しかし、畜生界で苦果を経験するどころか、実に生き生きと菩薩行を実践しており、悪趣という暗いイメージはまったくない。

これはブッダのみならず、アーナンダ・マウドガリヤーヤナ・シャーリプトラも同様なのだが、ここには業果によって悪趣に堕とされたと言うよりは、自ら進んで畜生道に身を置き、菩薩道を実践しているように見える。

次章でとりあげるが、菩薩（この場合は本生〈ブッダの本生〉の菩薩）が自らの意志に基づき、進んで悪趣に赴くかどうかが議論され、このジャータカを伝持する部派の南方上座部はこれについて否定的な態度を取る。

しかし、文献はそう明記してはいなくても、少なくとも業報の原理に基づいて、菩薩が無理矢理、あるいは嫌々畜生界に堕ちているとは考えにくいのである。

鹿王本生話

もう一つ、パーリの『生経』第十二話から、ブッダが畜生だったときの話を紹介しよう。ここでは、ブッダが鹿王として活躍する。冒頭の現在物語は長いので割愛し、過去物語から始めよう。

昔々、バーラーナシーでブラフマダッタ（梵与）王が国を統治していたときのこと、菩薩（ブッダの本生）は鹿として生まれ、ニヤグローダと呼ばれる鹿王で五百頭の鹿を従えていた。また、近くには同じように五百頭の鹿を従える鹿王がおり、シャーカと呼ばれていた。

時の王は鹿狩りに夢中になり、鹿肉なしには食事をしなかった。そのため、鹿狩りには町人や村人がかり出されたが、そのたびに彼らの仕事は中断されるので、彼らは一計を案じ、鹿の群れを遊園に追い込んで閉じこめ、ここから自由に鹿を選んで食べるよう、王に進言した。

王は二頭の鹿王には安全を保証したが、他の鹿たちは無駄に殺されることもあったので、菩薩である鹿王ニヤグローダにその状況を報告すると、ニヤグローダはもう一頭の鹿王シャーカに話を持ちかけ、互いの群れから一日交替で一頭ずつを順番に差しだそうと取り決めた。

こうして、互いの群れから一頭ずつの鹿が王に差し出されたが、あるとき、妊娠していたシャーカの群れの牝鹿がその日の順番に当たってしまったので、「子どもを出産してからにしてほしいので、今日の順番はとばしてほしい」と懇願したが、聞き入れられなかった。そこで彼女はニヤグローダのもとに行き、窮状を訴えると、ニヤグローダは彼女の身代わりに自分の命を犠牲にしようとした。

料理人はニヤグローダを見て、身の安全を保証された鹿王がなぜ首切り台にやってきたのか不思議に思い、王に知らせると、王が直ちにやってきてニヤグローダに理由を訊ねた。そこでニヤグローダは次のように語る。

「大王よ、妊娠した牝鹿がやってきて、『私の順番を他の者にまわして下さい』と言いました。しかし、私はある者の死を他者にかぶせることはできません。そこで、私は自分の命を彼女に与え、彼女が受けるべき死を引き受けて、ここに横たわっているのです」と。

これを聞いて感動した王は、「そのような忍耐と慈《いつく》しみの心を人間たちの中にさえ見出したことはない」と言い、ニヤグローダと妊娠している牝鹿のみならず、すべての鹿たちの命の安全を保証した。

そして最後に、連結で「そのときのシャーカはデーヴァダッタ、（中略）王はアーナンダ、そして鹿王ニヤグローダは私であった」と説かれる。

この話などは、傍線で示したように、次章でとりあげる「大乗菩薩の代受苦」にも通じる話で、畜生である鹿が人間以上の忍耐と慈悲心を示し、王に自らの非、あるいは命の大切さを覚らせているので、先ほどのジャータカ同様、業報のジメジメさをはるかに越えた感動的ストーリーに仕上がっている。

バラモンの子本生話（捨身飼虎説話）

では次に、北伝のジャータカ『ジャータカ・マーラー』から、法隆寺《ほうりゅうじ》の玉虫厨子《たまむしのずし》台座に描かれたことで有名な捨身飼虎《しゃしんしこ》の説話を紹介しよう。

これは、グプタ王朝（四世紀前半～六世紀前半）のサンスクリット文作家アールヤシューラの作と伝えられるもので、各ジャータカは散文と韻文からなり、三十四のジャータカが収められているが（干潟・高原［1990: ii-ix］）、その第一話（Jm 1 ff.; 干潟・高原［1990: 3-11］）が捨身飼虎の話なのである。

形式は、パーリのジャータカとは違い、過去物語の導入となる現在物語も連結もなく、過去世における菩薩の偉業が格調高く作者のアールヤシューラによって説かれるのみである。


昔々、菩薩はバラモンの家に生まれた。物質的には恵まれた生活をしていたが、在家の生活を厭い、出家してある森に住んでいた。彼の行動に感化された森の動物たちも苦行者のごとくに行動した。

あるとき、彼は弟子のアジタを連れ、修行に適した山の洞窟などを遍歴していたが、ある森の中で子どもを出産しかかっている牝虎がおり、飢えに苛まれて、幼い自分の子さえも食べようとしているのを見た。

それを目にした菩薩は彼女の飢えを癒すために、弟子のアジタに食料を探すように命じたが、その後、〈自分の体があるのに、どうして他者の肉を求めるのか〉と彼は考えなおした。そして菩薩は近くにあった断崖絶壁から飛び降りると、自己の体の肉を牝虎の餌として布施し、牝虎とその子どもを助けた。

お腹をすかした牝虎は、命のなくなった菩薩の身体に向かって駆け寄ってきた。そこに弟子アジタが戻ってきたが、そのときにはすでに牝虎が菩薩の肉を貪り食べているところであった。

以上が、捨身飼虎の説話であるが、ここでは菩薩は人間として菩薩行を実践し、畜生（牝虎）のために人間の命を犠牲にしている点がこの説話を印象づけており、また菩薩の布施行をいっそう際だたせている。

ここにも自己犠牲型のジャータカが説かれているが、ジャータカのすべてがこのような自己犠牲を説いているわけではない。中には『戦国策』の「虎の威を借る狐」に匹敵する話もあったり、気転を利かしてピンチを脱出する話やユーモアに満ちた話もあり、その内容も実に多彩である。ただ、大乗仏教の「菩薩の代受苦」を考える上では、これまで紹介してきたような自己犠牲タイプの説話に注目がいく。

亀本生話

最後に、北伝に伝わるジャータカとして、根本有部律（説一切有部の律蔵）で説かれるジャータカを紹介しておく。律蔵は基本的に出家者の守るべき戒律を集成した文献であるが、六法全書のような規則の羅列に終始するのではなく、その規則が制定されるに至った因縁譚や、戒律を遵守させるための教訓的な話も多数存在する。

そして現存する律蔵の中でも、根本有部律はその説話の数が群を抜いて多い。ではその中から、ブッダが過去世で亀だった時のジャータカを見てみよう。このジャータカ（SBhV 16.30 ff.）は、ブッダが現世でカウンディンニャを始めとする多くの神々を救済したことに関し、過去世でもそうであったとして説かれる。

昔々、菩薩は大海に住む亀の中に生まれ変わり、亀たちの王であった。あるとき、五百人の商人が大海を渡る船を手に入れ、大海を渡ると、外国で様々な宝石を獲得し、引き返そうとした。しかし、船は巨大魚や沢山の魚のせいで難破し、商人たちは大きな悲鳴を上げた。その声を聞いた亀は大海中より顔を出し、彼らのもとに近づくと、「お前たちよ、落胆するな。私の背中に乗るがよい。私がお前たちを渡してやろう」と言った。こうして、彼らは全員、息を吹き返し、亀の背中に乗った。

亀は彼らを連れ、海岸に向けて出発した。亀は極度の重荷に溺れかけたが、力を振り絞り、落胆することはなかった。彼らは大勢だったので、彼の体は疲労し、首を伸ばして眠ってしまった。

そこからそう遠くない所に虫の巣があった。そこから一匹の虫がウロウロしながら臭いを嗅いで、彼のもとに近づいた。そして、その強大な亀を見ると、巣に戻って八万匹の仲間を呼び寄せ、再び亀のもとに向かった。そして死んだように眠り、生命活動を停止したような亀を食べ始めたのである。

その硬い肉を食べていたとき、亀は疲労困憊し、深い眠りに入っていたため、自分が食べられていることに気づかなかった。しかし、中心部分の肉が食べられるに至ってようやく目を覚ますと、虫たちが体全体に群がっているのが見えた。

〈もしも体を動かしたり回転させたりすれば、きっと虫たちを殺してしまうことになろう。〔自らの〕命は喜んで捨てるが、〔他の〕命を奪うことは本意ではない〉と考えた亀は、じっとして動かず、虫たちに食べられるままであった。

そして連結では、最初に亀を見つけた一匹の虫がカウンディンニャ、彼に呼び寄せられた八万匹の虫たちは八万人の神々であったと説かれる。

ここでは畜生の亀（菩薩）が大勢の人間を救い、またその後には虫たちの餌食になり、自分は命を失いながらも、〈体を動かせば、虫たちを殺すことになる〉と考え、虫たちの命を思いやっているのが印象的だ。これは兎本生話の兎が火に飛び込む前に、他の虫を巻き添えにせぬよう、体を振るっているのにも共通する、極めて大乗的な表現である。

以上、南伝と北伝のジャータカを概観してきた。これを業報の原理原則で理解するとどうなるか。これだけの善業あるいは菩薩行を積み重ねておきながら、なお畜生界に輪廻したとすれば、ブッダはそれをはるかに上回る悪業を重ねていることになるので、それは燃灯仏に授記された有情（すなわち菩薩）としてはふさわしくない所行となってしまう。また、それは覚りの神格化に逆行することにもなってしまう。

このように、ジャータカを業報の論理で理解するには、大きな無理が生じることになるので、ジャータカは、業報とは別次元、すなわち業報という〈法の立場〉ではなく、業報輪廻説には立脚しながらも、業報を越えた〈仏の立場〉から創作されたと考えるのが穏当であろう。

三　アヴァダーナに登場するブッダ

根本有部律に説かれるブッダの悪業の数々

では次に、アヴァダーナ説話に見られるブッダの姿を紹介する。すでに指摘したように、通常のアヴァダーナでは主役が仏弟子または仏教信者であるが、ブッダが主役の場合は、ブッダ自身が現世で経験した苦果を自分の過去世での悪業で説明する。よって、ブッダはジャータカとは正反対の立場で描かれるのである。

このようなブッダの悪業の用例は根本有部律の中だけで十二に上るが、平岡［2002: 241–243］にもとづいてブッダの悪業とその苦果を示せば、次のとおりである。

なお律蔵は、覚りに資する戒律の条項（別解脱律儀）と教団運営に関する規則（犍度部《けんどぶ》）の二つがメインであり、犍度部の方はテーマ毎にまとめられている。以下に示す「薬事」は出家者の薬の使用法に関する規則をまとめた部分、「破僧事」は破僧（教団分裂）に関する規則をまとめた部分を意味する。

薬事（BhV 46.9 ff., 216.8 ff.）
　黒業：正等覚者ヴィパッシンの弟子たちに暴言を吐く
　苦果：粗悪な麦を食べる羽目になる
薬事（BhV 212.14 ff.）
　黒業：聖仙を中傷する
　苦果：地獄で苦しみ、今生では外道女に偽りの中傷をされる
薬事（BhV 213.11 ff.）
　黒業：独覚に虚偽の中傷をする
　苦果：地獄で苦しみ、今生では外道女に偽りの中傷をされる
薬事（BhV 217.11 ff.）
　黒業：プドガラを非難する
　苦果：六年間の苦行を実践しても菩提を正覚《しょうがく》できなかった
薬事（BhV 218.7 ff.）

黒業：治療費がもらえなかった腹いせに、不適切な薬を患者に与える
苦果：消化不良の病を患う

薬事（T. 1448, xxiv 94a22 ff.）
黒業：財産目当てに山から石を落として異母兄弟を殺す
苦果：地獄で苦しみ、今生では石の破片で足の指を怪我する

薬事（T. 1448, xxiv 94b18 ff.）
黒業：財目当てに同僚の商人の船に穴を開けて溺死させる
苦果：地獄で苦しみ、今生では木が足に刺さって怪我をする

薬事（T. 1448, xxiv 94c10 ff.）
黒業：嫉妬《しっと》心を抱き、独覚に施食を布施しなかった
苦果：地獄で苦しみ、今生では施食が得られなかった

薬事（T. 1448, xxiv 95a8 ff.）
黒業：兄の阿羅漢を侮辱し、中傷する
苦果：地獄で苦しみ、今生では出家女に偽りの誹謗をされる

薬事（T. 1448, xxiv 96c11ff. cf. T. 1451, xxiv 242a13 ff.）
黒業：魚が殺されるのを見て喜ぶ
苦果：頭痛を患《わずら》う

薬事（T. 1448, xxiv 96c25 ff.）
黒業：王の力士と相撲を取って背骨を折り、殺してしまう
苦果：地獄で苦しみ、今生では背中痛を患う
破僧事（SBhV 22.2 ff.）
黒業：正等覚者カーシャパに暴言を吐く
苦果：六年間の苦行を実践する羽目になる
破僧事（SBhV 210.23 ff.）
黒業：聖仙の衆会《しゅえ》を分裂させる
苦果：自分の僧伽が分裂する

人を殺すブッダ

ではこの中からとくに、ブッダの殺人をテーマにしたアヴァダーナを紹介する。ブッダが、財産目当てに石で異母兄弟を殺したという説話がある。

ある山村に家長が住んでいた。彼はある女性と結婚して、男児が生まれた。彼は成長すると、やがて母は死んだので、その家長は別の女性と結婚し、もう一人の男児が生まれた。

さて、家長は長男のために嫁を迎えてやると、長男夫婦には多くの息子や娘が生まれた。そしてしばらくすると、家長とその妻は亡くなったので、家長の次男は長男夫婦のもとに行った。す

ると長男の嫁は彼が夫の弟であり、独り身でありながら、家の遺産については半分の相続権があることを知ると、夫を唆《そそのか》し、弟を殺すように持ちかけた。

最初は拒否していたが、何度も妻に言われているうちに、その気になり、弟を殺す決意をする。村で殺せば、多くの人々の知るところとなるので、人気のない荒野で殺害しようと考え、花や薪を取りに行こうと弟を誘って、荒野に出かけると、洞窟の中で弟を石で殴り殺してしまったのである。

これを承《う》けて、ブッダは次のように業の因果関係を説明する。「そのときの家長の長男は私である。私は財産目当てに荒野で弟を殴り殺したが、その業の果報として、何十万年という長きに亘って地獄で煮られ、その業の残余により、今生では覚りを開いた後でも、石の破片で足の指を怪我したのである」と（Cf. 八尾［2013: 511-512］）。

ジャータカタイプの説話に慣れ親しんだ者にとって、このようなアヴァダーナ・タイプの説話に登場するブッダの姿は実に違和感があるだろう。まずもって、ブッダが妻に唆されたとはいえ、財産目当てに弟を石で殴打するという話になっている。ジャータカのブッダなら、自分を教唆する妻を説得するか、あるいは巧みな方便で回避し、その非を覚らせ、妻を悔い改めさせるという展開になっているはずだ。

またブッダが地獄で何十万年も苦しむ姿などは、仏教徒として想像したくないイメージであるが、根本有部律では臆面《おくめん》もなく地獄で煮られたと説く。つまり、アヴァダーナ説話では、ブッダといえども、業報の原理原則から自由ではなく、悪業を犯せば、地獄で煮られ、足の指を怪我すると説くのである。ジャータカが仏の立場なら、アヴァダーナは法の立場で貫かれているとみることができる。

この話の後にも、根本有部律では別の殺人物語を扱う。このとき、ブッダは隊商主としてもう一人の隊商主と海を渡った。二人は宝島で宝を手に入れた。相棒の隊商主は注意深く荷を船に積んだが、彼はいい加減に荷を積んだので、航海の途中に荷崩れをおこし、船が沈んでしまったので、乗せてくれるよう懇願した。

すると、相棒の隊商主は親切にも一人分の重さの財宝を海に投げ捨てて彼を救出し、自分の船に乗せてやった。にもかかわらず、彼は相棒にだけ財宝があり、自分はすべて財宝を失ってしまったことを妬み、船に穴を空けようとした。相棒の隊商主はそれを止めようとしたので、彼はその隊商主を槍で刺し殺してしまった。

「このとき、殺人を犯した隊商主は自分であり、その業の果報として、何十万年という長きに亘って地獄で煮られ、その業の残余により、今生では覚りを開いた後でも、木が足に刺さって怪我をしたのである」と（Cf. 八尾［2013: 512］）。

これも、財宝目当ての嫉妬心によるブッダの殺人話であり、ジャータカにはありえない話の内容である。

ブッダの悪業の意味するもの

以下、この問題についでは、並川［2001］に基づきながら、この問題を考えてみよう。チベット訳のみで伝わる正量部の『有為無為決択《ういむいけつちゃく》』第三十二章には、ブッダの悪業とその果報に関する説が紹介され、全部で十六の事例が引用されているという。

これを見れば、その悪業は、暴言・悪口・破僧・殺人・傷害など、教祖ブッダとはおよそ縁遠い所行ばかりである。漢訳資料では『興起行経《こうきぎょうきょう》』がブッダの悪業とその果報を説くことで有名だが、ここには先ほど紹介した根本有部律に見られるブッダの殺人話も見られ、全部で十話が収められている。

ではどうして、教祖ブッダの悪業をここまで詳細に説かなければならなかったのか。一つは、戒律の乱れを背景にした綱紀粛正《こうきしゆくせい》的な背景が想定されよう。時代が下ると、出家者の問題行動がめだつようになり、それは当然、在家信者も例外ではなかったと考えられる。そのような状況を改善するには、教祖ブッダさえも、業報の原理原則は超越できないと示すことは抑止力として機能したのではないか。

一方、並川はこの問題に別の視点、すなわち二種の涅槃説という視点からアプローチしているので、紹介する。涅槃とは本来、覚りの境地を表す言葉だが、時代の経過とともに、二種の涅槃が考えられるようになる。

有余《うよ》涅槃と無余《むよ》涅槃である。この場合の「余」とは「残余」、すなわち「肉体の残余」を意味する。したがって、有余涅槃とは「肉体の残余のある涅槃」すなわち三十五歳で覚りを開いて問法を滅尽してから八十歳で入滅して身体がなくなるまでの状態を言う。一方、無余涅槃は、ブッダが入滅して身体が荼毘《だび》に付され、身体そのものが亡くなった後の状態を言う。

換言すれば、有余涅槃は「心の涅槃」、無余涅槃は「身心の涅槃」ということになる。そして、当時の仏教徒は有余涅槃よりも無余涅槃を完全視し、ブッダの覚りを偉大化・絶対化しようとした。心は解脱していても、肉体を有するかぎり、頭痛や怪我、そして体調不良などの肉体的苦痛を経験しなければならない。つまり、肉体を有している間は、完全な状態ではないと考えたのである。

そして無余涅槃が理想化されるのに呼応して、有余涅槃が相対的に価値の低い涅槃に格下げされてしまう。つまり、覚りを開いてはいても、肉体という残余を持つブッダはさまざまな悪業の苦果を感受しなければならないと理解されるに至ったというのである。

先ほど紹介した根本有部律に説かれるブッダの悪業の果報（苦果）を見ると、中傷や破僧に加え、消化不良や足の怪我、それに頭痛や背中痛など、身体的な苦痛に言及するものもかなりあることがこれを裏づけている。

並川の視点は二種の涅槃であるが、その根底では、肉体という過去の業の残余が問題になっているのであるから、アヴァダーナ・タイプの説話は「法の立場」に立ち、ブッダさえも法の支配下にあることを説いたものと理解することができるのであり、同じ説話でも「仏の立場」に立つジャータカ・タイプの説話とは好対照をなす。

第五章

大乗仏教の業思想

一　自業自得を越える空思想

般若経と空思想

「自業自得」を中心とする業の原則は、あくまで行為者にその行為の責任を問う厳しいものであった。しかし、仏滅後およそ四百年が経過すると、インドには従来の仏教とはかなり趣《おもむき》の違う仏教が誕生することになる。それが大乗仏教だ。

伝統仏教と大乗仏教とはさまざまな点で異なるが、業思想もその例外ではない。大乗仏教は「大きな乗物」を標榜《ひょうぼう》し、皆で一緒に「大きな乗物」に乗って覚りの岸に至ることを目指す。つまり、自利《じり》だけを求めるのではなく利他《りた》をも同時に求め、「自利利他円満」あるいは「自利即利他」を理想とするのが大乗仏教なのである。

大乗仏教の時代には多くの大乗経典が作られたが、その中でも最初期に誕生したのが般若経典である。般若経典の主題の一つは「空《くう》」だが、この空思想は他のさまざまな大乗仏教の思想の土台になり、また業思想にも大きな影響を及ぼして、「自業自得」の原則に大きな変更を迫ることになった。

「空」とは仏教の根本思想「縁起」を言い換えたものであり、「縁起しているから空」とも言えるし、「縁起しているものは空」とも言える。

一般に「コップ」と呼ばれているガラスの容器を例にとろう。物質的にはさまざまな原子（極微）の集まりを縁としてガラスの容器という物体が生起しているが、この原子が離散すれば、もはやガラスの容器は存在しない。つまり「空」なのである。

空とは「永久に変わらないような実体はない」という意味であり、まさに「空っぽ」の状態を意味する。ガラスだけではなく、物質はすべてさまざまな原子の集積であるから、それが集積している間は何らかの物質を形成しているが、離散すれば、その物質は存在しない。

次に機能の面からも、ガラスの容器が「空」であることを説明しよう。一般にガラスの容器は「コップ」と思われているが、それは「飲み物を容れる」という条件を縁として仮に「コップ」として生起しているだけで、そこに一輪の花をさせば、その物体は花瓶に変化する。またそこに鉛筆やペンを容れると、その物体は「コップ」や「花瓶」ではなく、「ペン立て」として機能する。

このようにガラスの容器は機能面でも実体がなく、空と言えるし、また逆に空であるからこそ、条件づけによって「コップ」や「花瓶」や「ペン立て」にもなりうる。こう考えると、「自業自得」の原則が揺らいでくるのがわかるだろう。

不二の法門

空思想に関連して、不二《ふに》の法門《ほうもん》を説明しておく。これは般若経と同じ系列の大乗経典である〈維摩経〉で説かれる思想である。〈維摩経〉と言えば、在家の居士である維摩が出家者の仏弟子をやり込めるというユニークな内容で有名だ。

これが説かれるのは、〈維摩経〉のクライマックスに当たる最後の部分である。維摩居士が菩薩たちに、「菩薩は不二の法門に入ると言われますが、その不二の法門とはいかなるものですか」と質問をする。これを受け、三十三人の菩薩たちは次々に「不二とは〜である」と各自の考えを披瀝《ひれき》する。

不二は「縁起」や「空」を言い換えた言葉だが、一番わかりやすい例が紙の裏表である。「表に縁って(表を縁として)、裏が生起し、裏に縁って(裏を縁として)、表が生起する」ので、表や裏は単独で存在しえない。つまり、「表だけの紙」や「裏だけの紙」は存在しないので、裏と表の関係は不二ということになる。

左右、上下、生死、出入、親子、夫婦、など相対立する概念はすべて、一方が他方を(そして他方が一方を)支える関係で成立しており、片方だけでは存在しえないのである。だから、不二ということになるし、主と客の関係も不二である。

ともかく、菩薩たちはさまざまな言葉を駆使し、この「不二」を説明するが、最後に文珠《もんじゅ》は、

「たしかにそのとおりだが、言葉で表現すれば、二つの対立したものとなってしまう。だから不二とは、言葉では表現できない」と答え、「ではあなたの考えを聞かせよ」と維摩に迫った。すると維摩は何も語らず、黙してしまった。

これは、「維摩一黙響如雷（維摩の一黙、響くこと雷の如し）」と漢訳で表現される有名な場面である。文殊菩薩の答えは不二の法門を「言葉で表現できない」と言葉で表現してしまったところに矛盾があるが、維摩は同じことを体で表現した。言葉で表現できない（言葉を越えている）から、黙してそれを表現したのである。

そのようなエピソードはともかく、空や不二の思想は自己と他者との境界を曖昧にし、自己の功徳《くどく》が他者に、他者の功徳が自己に移行するという廻向の思想を産みだし、自業自得を越える思想として展開していくことになる。

しかしこれは、宇宙を貫く縁起の理法（法則）が大乗仏教になってから違う理法に取って代わられ、それにともなって自業自得の法則も変更されたというのではない。縁起に対する解釈（あるいは視点）が変わっただけのことである。

伝統仏教では時間軸にそって自己存在を見る傾向が強いのに対し、大乗仏教では空間軸にそって自己存在を見る傾向が強い。時間軸で自己を見れば、昨日（過去）の私によって今日（現在）の私があり、今日の私によって明日（未来）の私があると考えれば、自業自得は自然な考え方であろう。

しかし、空間軸で自己を見れば、他者との関係性の中で自己がとらえられるので、自己と他者とは影響を与え合う関係に変化し、自業自得に微妙な揺れが生じることがわかるだろう。自業自得は自然科学的事実ではないのである。

廻向の思想

では次に、梶山［1983b］によりながら、この空（不二）が業思想に与えた影響について考えていくが、そのさいのキーワードは「廻向《えこう》」である。廻向にも、内容転換と方向転換の二種類があるが、まずは内容転換の廻向から見ていこう。

たとえば他者に財を施して「布施行」という善業を行ったり、「生物を殺しません」と誓って「不殺生戒」を実践すれば、その行為者に福徳（功徳）が生じる。これは将来、その行為者に何らかの楽果をもたらす種であり、何もしなくても、死後、天界に生まれたり、また人間に生まれ変わって長寿を得るという楽果を行為者は享受する。

しかし、生天も長寿も人間にとって好ましい果報ではあるが、仏教徒の最終目標は、そのような世俗的果報ではなく、覚りを開くことにある。そこで覚りを求める人は、「本来なら生天や長寿をもたらす善業が、覚りの種になりますように」と心にも念じ、口にも唱える。すると、生天や長寿をもたらす善業が覚りをもたらす善業に転換される。これが内容転換の廻向である。

すべては空なので、その善業にも永久に変化しないような実体はなく、したがってその内容を変換することが可能になる。これは世俗的果報の獲得から出世間的果報の獲得に目的を変えるので、目的転換の廻向とも言える。

つづいて方向転換の廻向。これは、阿弥陀仏の慈悲に如実に現れている。〈無量寿経〉によれば、阿弥陀仏の前身である法蔵菩薩は世自在王仏《せじざいおうぶつ》の前で四十八の誓願を立て、一切有情の救済を誓った。そして、その誓願の実現に向けて長期にわたる修行のすえ、ついに覚りを開き、現在、阿弥陀仏として西方に極楽浄土を構えている。

〈無量寿経〉には五つの漢訳が現存するが、その最古の訳『大阿弥陀経《だいあみだきょう》』の第五願には「もし前世において悪を為すとも、私の名前を聞いて私の国に生まれたいと思えば、我が国に収めとり、彼を覚らせよう」とある。

このように、法蔵菩薩は悪業を為した人を救い覚らせようと誓い、六波羅蜜などの無量無数の修行を長きにわたって実践して阿弥陀仏となるが、そこで積んだ数多の修行は自らの「成仏」として結実したのみならず、その功徳を一切有情に廻向して彼らを成仏させると言う。これが方向転換の廻向である。

つまり、自分が積んだ修行の功徳を他者にふりむけ、その功徳を他者が享受するというわけだ。これが可能になるのも、すべては空であるという考え方が基礎にあるからであり、「自業自得」の原則が破られていることがわかる。

これは、功徳のもち主が変わるので、所有者転換の廻向とも表現できる。ただし、この方向転換の廻向は、大乗仏教になって新たに説かれるようになったのではなく、大乗仏教興起以前にその萌芽が見られる。

大乗仏教以前の廻向

これを最初に論じた桜部［1974］を参考に、この問題を考えてみよう。『餓鬼事』には、前世の悪業の果報として悪趣に堕ち、さまざまな苦に苛まれている餓鬼（亡者）がいかにしてその苦から脱するかが説かれている。この中に廻向の思想が幾つか見られるが、その典型的なパターンを示せば、次のようになる。

ある餓鬼女を哀れに思った商人たちが、彼女に衣服や食物の布施をしようとするが、彼女は「それを私に直接与えて下さっても、これは私に何ら恵みを与えません。どうかそれを出家者に布施し、その果報を私に振り向けて下さい。そうすれば私は幸せになるでしょう」と言う。そこで彼らは出家者にそれを布施し、その果報を彼女に振り向けると、即座にその果報が現れ、餓鬼女は美しい衣服を身に着けた。

このように、出家者に布施をし、その果報を布施者本人が享受するのではなく、餓鬼に振り向ける、すなわち廻向することによって、その果報を餓鬼が享受するというのであるから、まさに方向転換の廻向である。桜部は、大乗仏教以前にも自業自得の原則を逸脱する用例があることを指摘している。

しかし、この『餓鬼事』を研究した藤本［2006］は、餓鬼（女）が苦果を免れる話は、「自業自得の原則を越えていない」という斬新な提言をしているので、それに注目してみよう。

彼によれば、餓鬼（女）が苦果を免れるのは、布施の功徳が廻向されて餓鬼（女）に移行するからではなく、他者（主に自分の子孫）が為した善なる行為（布施）を餓鬼（女）自身が「随喜」するからだとする。つまり、その随喜という善業によって餓鬼（女）に功徳が生じ、その功徳の力で楽果が現れるのであるから、自業自得との齟齬はないと言う。

一見すると、興味深い考え方ではある。しかし、自業自得の原則が生きているなら、随喜という善業の果報で楽果が現れたとしても、その直前の苦果をもたらす悪業は消えていないことになるから、悪業と苦果の相続に善業の果報による楽果が割って入っただけであり、苦果の感受は〈先送り〉されていることになる。よって将来、その悪業の果報である苦果はいずれ経験しなければならないはずだが、それについて『餓鬼事』はいっさい言及しないのである。

藤本［2007］の論旨にも一貫性がない。ある箇所で「業の法則は善業で悪業を相殺できず、悪業の結果はまた別にしっかりうけなければならない」旨の指摘をし（藤本［2007: 186］）、自業自得の原則を強調したかと思うと、別の箇所では「その楽果が餓鬼たちに生じて、これまで受けていた悪業の苦果が消えた」、「悪業を帳消しにするためには、ブッダへのお布施が必要だった」、「餓鬼女は随喜によって五百年もの餓鬼道の罪業を一度に消して」（傍線：平岡）などとも解説する（藤本［2007: 48, 79, 100］）。いったい彼の主張の趣旨はどこにあるのか、判断に苦しむ。

『餓鬼事』に登場する餓鬼が生前に犯した悪業は主に「物惜しみ」、苦果は主に飢渇や衣類の欠乏である。そして廻向されるべき善業はすべて、出家者や教団に対する「布施」である。『餓鬼事』創作の意図は、廃悪修善をベースに、仏教の教えを在家者にわかりやすく説くという目的もあったことは否定しないが、うがった見方をすれば、次のような推論も成り立つ（あくまで推論です。念のため）。

「物惜しみし、出家者や教団に布施しなければ、餓鬼に生まれ変わり、飢渇や衣類の欠乏に苦しめられますよ。ご先祖供養のためにも、またご自身が死後に苦しまないためにも、現世で出家者や教団にお布施いたしましょう」という隠れた意図、すなわち、当時の教団の対社会的な布施獲得戦略があったと解釈することもできる。

そうでなければ、善業が布施に限定される理由が説明できない。他者の善業を随喜するというのなら、持戒《じかい》や禅定《ぜんじょう》など他の善業でもよいはずだが、出家者や教団への布施以外の善業は一切説かれていないからである。これについては、『餓鬼事』冒頭にある最初の三偈に注目すれば充分であろう。

（一）阿羅漢は田畑の如く、施主は農夫の如く、施物は種の如く、そこから果が生ず。（二）この種・田畑・耕作〔の果〕は、餓鬼等と施主《せしゅ》〔双方〕のためなり。餓鬼はそれ〔果〕を享受し、施主は〔布施がもたらす〕福徳で栄ゆ。（三）この世で善を実践し、餓鬼等に供養し、善業を行わば、〔施主〕は天なる住処に赴く（Pv. 1-3）。

これを見ればあきらかなように、餓鬼に直接施してもだめな理由は、餓鬼が田畑、すなわち福《ふく》田《でん》（果や福徳を産出する田）でないからである。また持戒や禅定ではだめな理由は、それが種でないからである。そして、福田（阿羅漢）に農夫（施主）が撒《ま》いた種（施物）が果を産み、「その果を餓鬼が享受する」と明記してあるのだから、そこに「随喜」という善業は必要ない。

藤本の研究は、「自業自得は仏教の大原則であり、それは間違っていない（あるいは「間違っているはずがない」）」という〈前提〉のもとに積み上げられた理論である。〈仮説〉であれば、研究の途中で変更可能だが、〈前提〉は変更不可であるから、それは〈研究者〉と言うよりは、南伝仏教の〈注釈者〉の態度と言わなければならないだろう。

貯金に喩えると

さて、この二つの廻向は、貯金に喩えるとわかりやすい。善業を積むことは、貯金に喩えられる。善業を積むこともお金を貯めることも、将来の楽果が増える点で共通しているからだ。お金が貯まれば、家を買えるし車も買える。これが内容転換の廻向である。あるいは家や車という世俗的な目的にお金を使用するのではなく、お寺に布施して法要を営み、自分の成仏の糧《かて》に変換することも可能であろう。

では方向転換の廻向はどうか。これは、貯金を、寄付や寄進などによって他人に譲渡する場合である。自分で稼いだお金を自分のために使うのではなく、それを他者に布施する場合、他者にとっては、とりわけ借金のある人にとっては、それで借金を埋め合わせることができるので、結果として借金はなくなる。

これと同じように、悪業を積んで身動きとれなくなった悪人に対し、阿弥陀仏の積まれた膨大な功徳が廻向され、それによって悪人は過去の悪業を相殺するという理屈が成立する。これは自業自得の原則を破るものではあるが、業の因果論そのものを決して否定するものではない。

さて貯金と借金の喩えをだしたので、本論からややはずれるが、これを手がかりに、業論の立場から楽果と苦果の意味について考えてみよう。善業は貯金に、悪業は借金に喩えられる。そして貯金を使って楽しむことは楽果であり、また借金返済のためにあくせく働くのは苦果である。

しかしこの事実を反対から見れば、どうなるか。贅沢をして楽果を享受するということは、確実に貯金が減っていることを、一方、あくせく働いて苦果を経験しているということは、着実に借金が減っていることを意味する。こう考えれば、楽果の享受は諸手を挙げて喜べないし、苦果の経験はそう忌避《きひ》すべきものでもない。

苦果を経験するということは、裏を返せば、悪業がその分だけなくなっているのであるから、喜ぶべきことなのかもしれないのである。これが仏教の業思想のポジティブシンキングである（余談だが）。

ともかく、空思想を背景に、「自己と他者とは影響を与え合う関係にある」というのが大乗仏教の自己理解の前提となる。功徳が移行しないまでも、自己と他者は一方が他方に何らかの影響を「与える／受ける」関係にあることを意味する。

これは人間にかぎったことではなく、無機物も含めて、いかなる存在も縁起的存在であるかぎり、他者に対して何らかの影響力をもつ。空思想なしには、我々が文学作品や映画を見たときの感動、また二千年も前に作られた経典が現代の我々の心を動かし、仏門に引き込むことを、うまく説明できない。

二　浄土教における業の問題

法蔵菩薩から阿弥陀仏へ

「菩薩」という呼称の誕生については、すでに前章において、燃灯仏授記に言及しながら、説明した。つまり、燃灯仏によって成仏の記（予言）を授かることで、「単なる有情」から「覚りを求める有情（sattva/satta）」あるいは「覚りが確定した有情」となり、ブッダは今生で覚りを開くまで菩薩と呼ばれることになる。

よって、菩薩は本来、成道するまでのブッダの呼称（固有名詞）であったのだが、成仏を目指す大乗仏教は、ブッダに範をとり、成仏するにはまず菩薩になる必要があると考えた。こうして菩薩は固有名詞から普通名詞化されて、大乗仏教を信奉して成仏を目指す者は菩薩と名乗ることになる。

その菩薩の生き方は、ブッダにならい、自利（自己の修行・自分の幸せ）と利他（他者への慈悲行／他者の幸せ）とを重ね、「自利即利他（他者を幸せにすることが自己の幸せである）」を理想とする。菩薩は自分が先に彼岸《ひがん》に渡るより、他者を彼岸に渡らせることを優先させるので、自己犠牲的な利他行が強調される。

菩薩も、在家の菩薩から出家の菩薩、また出家の菩薩でも普通の出家菩薩から少数精鋭的なエリート菩薩まで、幅が広い。また現実的な菩薩もあれば、観音《かんのん》菩薩に代表されるような、象徴的位置づけの菩薩も経典に登場する。そのような菩薩の代表例が、浄土経典などで説かれる阿弥陀仏の前身の法蔵菩薩である。

では、〈無量寿経〉を手がかりに、阿弥陀仏が法蔵菩薩だったときの話を見てみよう。先ほど紹介した燃灯仏よりもはるか昔の過去世において、世自在王仏が現れた。そのとき、王家から出家して比丘となった法蔵菩薩がいた。彼は世自在王仏に菩提心を発したことを告げ、どうしたら優れた仏国土《ぶつこくど》が建立できるか尋ねる。

そこで世自在王仏は彼に、非常に長い時間を費やして、数多の仏国土の優れた有様を詳細に説明した。それを聞いた法蔵菩薩は、自分が理想とする仏国土の実現を目指し、世自在王仏の前で四十八の誓願を立てた。その誓願を実現するために、法蔵菩薩は悠久の時間をかけて菩薩行を実践し、ついに阿弥陀仏となる。

法蔵菩薩が世自在王仏の前で誓願を立て、長時の修行のすえ、ついに覚りを開いたという話は、燃灯仏授記（釈迦菩薩が燃灯仏の前で誓願を立て、修行の結果、今生で覚りを開いて仏となったという話）とパラレルであることは明白である。

つまり、〈無量寿経〉の「法蔵菩薩と世自在王仏」の関係は、燃灯仏授記の「釈迦菩薩と燃灯仏」の関係に置換可能であるから、阿弥陀仏はブッダの大乗的展開と理解することができよう。

ともかく、法蔵菩薩は誓願を立てると、悠久の時間をかけて、想像を絶する修行を重ね、阿弥陀仏となった。浄土系の諸宗において重要視される第十八願は、「十念しても、有情が極楽に往生できないあいだは仏にならない」という誓いであるが、法蔵菩薩が阿弥陀仏になったということは、この誓願が成就したことを意味し、「十念すれば極楽に往生できる」ことを意味する。

このように、法蔵菩薩の過去世での厳しい修行は、自らの「成仏」として結実したのみならず、その功徳が有情を成仏させる力として機能しているのがわかる。

菩薩として利他行の使命を果たすことは、自らの厳しい修行（自利）とセットになっており、法蔵菩薩の例からわかるように、ある意味で一般の有情が実践すべき行を先んじて（先取りして）実践していることになるので、これは後述する「代受苦」という考え方に発展していくが、こう考えると、伝統仏教と大乗仏教では、苦の受容の仕方が非常に対照的であることに気づく。

伝統仏教では、すべてではないにせよ、苦は過去世で自分が犯した悪業の果報となるが、大乗仏教の菩薩思想では、進んで他者の苦を受けることが利他行という使命をはたすための要件であるという受け止め方になる。つまり、伝統仏教は消極的受容、大乗仏教は積極的受容と言えるのではないか。

浄土教における業と平等

ここで、浄土教における業と平等の問題を考えてみよう。大乗仏教に属する浄土教も、業報思想を無視しているわけではない。しかし、空思想に基づいて自業自得の原則は緩和され、内容転換の廻向や方向転換の廻向という新たな展開もとげ、世間的な善業を出世間的な覚りという果報に廻向（内容転換の廻向）したり、また自己の善業を他者に廻向（方向転換の廻向）したりする。

では、浄土教において、業はどう考えられるのか。この問題を、まずはキリスト教と比較してみよう。キリスト教は全知全能の唯一神が人間を創造したと説くので、神と人間との間には越えがたい溝が存在するものの、「神に創造された」という点で人間相互の間には差がないとみなすことができる。

また罪（原罪）に関しても、人類の祖先であるアダムとイヴが犯した罪を、その子孫が引き継ぐわけだから、個々人の性格や身体的特徴は異なっても、同じ罪を共有すると考えられ、罪という点でも人間相互の間には差がなく、したがって「平等」という観念を導くことは難しくない。

では、浄土教はどうか。そもそも、浄土教は阿弥陀仏の救済力を頼み、それに与って往生することを目指す仏教である。つまり、人間の側から我々の業を考えれば、人によって大きな業の差があるように感じられるが、これを仏の側からみたとき、その差は問題にならない。

たとえば、赤ちゃんと成人の身長差は四倍以上だが、地球上の二人を月から眺めた場合、その身長差が問題にならないのと同じように、阿弥陀仏が法蔵菩薩の時代に積んだ修行の功徳と比較すれば、我々の積む善業の差は〈無〉に等しい。

キリスト教の原罪と異なり、仏教の説く業（宿業）は人によって違うが、浄土教では阿弥陀仏の慈悲（救済の力）が極度に大きく、それにともない、人間の力の方は相対的に小さくなる。すると、人それぞれが有する悪業の大小や軽重も相対的に小さくなり、有情すべてが阿弥陀仏の他力を頼むという点からすれば、「悪人として平等」ということになる。

物事の見方には、二つの視点がある。ミクロな視点（人間の視点）とマクロな視点（仏の視点）である。ミクロな視点で我々の苦楽を見るなら、その苦楽をもたらした善悪業は大きな問題となるが、マクロな視点から見れば、我々が経験する苦楽や善悪業は、まったく些細な問題でしかない。

これは「人間の側から、人間を善人と悪人とに区別すること」ではなく、「仏の側から、人間すべてを自力では覚りを開くことができない凡夫ととらえ、全員を阿弥陀仏の救済の対象とすること」を意味する。こう考えれば、「我々は個々人の業の如何にかかわらず、阿弥陀仏の前においては皆、凡夫《ぼんぶ》として平等である」と考えることができよう。

三　業の社会性

縁起をどう解釈するか

仏教の根本思想が縁起である点に、何人も異論はなかろう。問題はこの縁起をどう理解するか。伝統仏教の段階で仏教の教えが四項目に集約され、四法印《しほういん》としてまとめられた。

（一）諸行無常《しょぎょうむじょう》……すべて原因によって作られたもの（行）は常住ではない
（二）諸法無我《しょほうむが》……すべての存在（法）には永遠不変の実体（我）がない
（三）一切皆苦《いっさいかいく》……諸行無常や諸法無我を正しく認識しないかぎり、すべては苦である
（四）涅槃寂静《ねはんじゃくじょう》……諸行無常と諸法無我を正しく認識すれば、心の安らぎ（涅槃）が得られる

このうち、最初の二つは縁起に関する項目で、諸行無常は縁起を時間的な側面から、また諸法無我は縁起を空間的な側面から言い換えたものであることがわかる。ある意味で縁起は世界を説明する原理であるから、時間と空間の双方に応用できるが、伝統仏教と大乗仏教とでは、業に関

してこの縁起の視点が異なっている。

伝統仏教では、業を時間的縁起で説明しようとするのに対し、大乗仏教は、これに加えて、空間的縁起で説明しようとする。伝統仏教の業論で見てきたように、個人の存在を時間軸に沿って見れば、現在の私を形成しているのは自分の過去の業によってである。つまり、過去の業を縁として現在の私の存在が生起し、現在の業を縁として未来の私の存在が生起することになる。

自己存在を時間軸から眺めるとき、そこに他者が入りこむ余地はほとんどない。だから「自業自得」が大原則となり、個人的宗教の色彩を帯びる。

一方、大乗仏教は、般若経の影響で、思想面では「空」がクローズアップされ、大乗仏教に通底する重要な概念として定着し、これに関連して「不二」という法門も〈維摩経〉に登場した。つまり、大乗仏教では空間軸に沿った縁起の方が表にでる。

この空間軸にそった視点から、業思想を展開すると、私の存在は、私以外の存在、つまり無数の他者との関わりを縁として生起することになるので、私の行為は他者に影響を与え、逆に他者の行為が私の存在に影響を及ぼすことになる。こうして、伝統仏教では大原則となっていた「自業自得」に基づく個人的宗教の面は後ろに後退し、代わって社会的宗教の面が表に顔を出す。

六波羅蜜からみた大乗仏教の社会性

大乗仏教を思想面で支えたのが「空」なら、実践面で大乗仏教を牽引するのが六波羅蜜《ろくはらみつ》である。

十善業道も大乗仏教の実践道であるが、これは伝統仏教以来、説かれていたものであるから、大乗仏教独自の実践道ということになると、六波羅蜜をおいて他にない。

一方、伝統仏教においてはさまざまな実践道が考えだされ、最終的には三十七菩提分としてまとめられていくが、その中心は八正道である。初転法輪で説かれた実践道であるし、無漏業としても位置づけられているからだ。ではこの伝統仏教の八正道と大乗仏教の六波羅蜜を比べてみよう。（　）内が、六波羅蜜に対応する八正道の項目である。

（一）布施波羅蜜　↓　対応なし
（二）持戒波羅蜜（正思・正語・正業・正命）
（三）忍辱《にんにく》波羅蜜　↓　対応なし
（四）精進波羅蜜（正精進）
（五）禅定波羅蜜（正念・正定）
（六）智慧（般若）波羅蜜（正見）

こうして両者を比較すると、八正道に対応しない六波羅蜜の項目は、布施波羅蜜と忍辱波羅蜜であるが、この二項目こそ大乗仏教の特質を見事に言い当てている。つまり、この二つは対社会的な項目であり、ここに大乗仏教の社会性が象徴的に現れているのである。

他者に対して布施を実践すること、そして大乗仏教を社会に対して唱導するにあたっては多くの困難が予想されるが、それに耐え忍ぶこと（忍辱）が大乗仏教徒に求められ、実践項目として追加されたのである。

他者に働きかける側から言えば、その行為（布施など）が自業自得の原則にはばまれ、まったく他者に影響を及ぼさないとしたら、それは実に空しい。そうした働きかける側の要請からしても、自業自得の原則は空の思想によって見直される必要があったのではないだろうか。

浄仏国土と菩薩行

大乗仏教の社会性を、別角度から考えてみよう。それは大乗になってから現れる浄土思想、あるいは浄仏国土思想である。浄土とは一般的に「浄らかな国土」の意だが、「仏国土を浄める」をも意味する。「仏国土を浄める」ことがまずあり、その結果として「浄らかな国土」が誕生する。

大乗経典ではさまざまな浄土が説かれるが、一番有名なのが阿弥陀仏の浄土である「極楽（あるいは「安楽」「安養」とも漢訳される）」だ。つまり、「浄土」は普通名詞、「極楽」は固有名詞である。極楽以外にも、阿閦仏《あしゅくぶつ》の構える浄土を「妙喜《みょうき》」と言う。

一般的に浄土と言えば、有形的な浄土を意味するが、これを無形的に解釈する経典もある。〈維摩経〉は「もしも菩薩が浄土を建立したいと思えば、まさにその心を浄めるべきである。その心が浄ければ、仏土も浄らかとなる」と唯心論的な浄土を説くが、ここでは有形的な浄土を前提に話を進める。

伝統仏教は、覚りを開いて苦から解脱し、輪廻を超越した涅槃に入り、二度と再生しない状態を獲得することを理想とする。問題はあくまで個人の心に帰せられ、環境などの外的要因に関心が向くことはほぼない。しかし、住む場所と覚りとは深い関係にある。

たとえば、伝統仏教で六道輪廻が説かれていることはすでにみたとおりだが、地獄・餓鬼・畜生の三悪趣は苦しみが多くて修行どころではないし、三悪趣で覚りを開くことはできない。しかし、善趣の天界は逆に楽しみが多すぎ、怠惰に時を過ごして修行には身が入らない。

こういうわけで、覚りを開くことができるのは、善趣の中でも人間界のみということになる。初期経典を見ても、人間界の領域以外で有情が覚りを開いたという話は存在しない。苦と楽とがほどよく味わえる人間界が覚りに適していると、伝統仏教では考えられていたようだ。

これを推し進めると、人間界以上に修行に適した場所を志向する考え方がでてきても不思議ではない。さらに、空間軸に沿った縁起で発想すれば、人と環境も影響を与え合う関係にあるから、修行環境は重要なテーマとなる。こうして、他方仏国土や浄土思想が誕生する素地ができあがる。

多仏思想により、ブッダが出現した娑婆世界以外に仏の住む場所を設定しようとすれば、他方仏国土を認めることになる。また、仏が住む場所は浄らかだとすれば、そのような浄らかな国土（浄土）は、それを建立した仏の修行の結果と考えるのは自然であろう。こうして、大乗仏教の浄土思想は開花したと考えられるのである。

鎮護国家と共業

浄仏国土思想に関連し、ここで護国《ごこく》（鎮護国家《ちんごこっか》）思想をとりあげよう。これも大乗仏教の社会性を考える上で重要である。

大乗仏教の初期に、まず先ほどとりあげた他方仏国土をテーマとする経典、すなわち〈無量寿経〉や〈阿閦仏国経〉などが創作された。伝統仏教以来、この世を否定的に「娑婆（忍土）」とみる伝統から考えれば、娑婆とは違う理想の国を他方に求めるのは自然である。

しかし、大乗仏教も中期になると、その反動としてか、この娑婆国土を安寧《あんねい》にするという経典が創作されるようになる。これが護国に言及する経典群、すなわち〈金光《こんこう》明《みょう》経《きょう》〉や〈仁《に》王般若《おうはんにゃ》経《きょう》〉などであり、国王がこれらの経を重んじ、六波羅蜜を実践し、そして正法を以て政治をすれば、国家は安泰となると説いた。

ただし、これは人びとの善なる共業が直ちに国家の安泰をもたらすというより、まずは国王が経典の講説を行ってその経を弘通《ぐずう》し、国民によって仏法が実践されれば、神々がその国土を守護してくれるという図式を基本とする。

ここでは、国民を代表する国王の役割が極めて大きく、また直接的に国家の安寧をもたらすのは一般に神々（これに言及しない場合もあるし、仏・菩薩の場合もある）ということになっているが、しかしそのもとを正せば、国民一人一人の善なる共業（仏教の信奉とその実践）に行きつく。経典はこれを共業と関連させて説いていないかもしれないが、共業という視点からも鎮護国家は考察可能であろう。

ともあれ、大乗仏教の社会性がこの世界以外に向いたときには浄仏国土の思想、この世界に向いたときには護国の思想となる。いずれも、大乗仏教の社会性を具体化していると考えることができるのではないか。

ただし前者は、個人（ここでは仏・菩薩）の行為（業）が浄土として結実し、社会に大きな影響（大勢の人の覚りに資すること）を及ぼしているのに対し、後者は、王を含め国民全員の業、つまり共業によって理想的な安寧の国土を築こうとする。

また、他方仏国土の極楽浄土を説くことで有名な〈無量寿経〉にも、娑婆世界における鎮護国家的記述が見られるので、注目しておこう。この記述は〈無量寿経〉の後半で、極楽浄土に往生した者の得益が詳説された後、それとは正反対の娑婆世界の惨状が「三毒《さんどく》・五悪《ごあく》」として説かれる。

この部分を「三毒段」「五悪段」、あるいは二つを合わせて「三毒五悪段」と言い、現存する〈無量寿経〉の漢訳五訳のうち、古い三訳のみに見られ、新しい漢訳二訳およびサンスクリット原典やチベット訳には存在しないことから、その成立については古来より盛んに議論されてきたが、ここではそれには立ち入らない。

この三毒五悪段が説かれた後、このような悪世の娑婆において、ブッダは有情を教化し、自分が遊行する村や国は皆、その影響を蒙《こうむ》らない場所はないと説かれる。そして、その結果どうなるかというと、次のように記される。

「天下は和順し、日月は清明たり。風雨は時を以てし、災厲《さいれい》は起きず。国は豊かにして民は安んじ、兵戈《へいか》は用いることなし。〔人は〕徳を崇めて仁を興し、務めて礼譲《れいじょう》を修む（天下和順　日月清明　風雨以時　災厲不起　国豊民安　兵戈無用　崇徳興仁　務修礼譲）」（T. 360, xii 277c13-15）

ここには〈金光明経〉や〈仁王般若経〉のように神は介在しないが、これだけ見れば、この国土の安寧はブッダ個人の業によってもたらされたのか、あるいはブッダの教化に基づく有情の善なる共業によってもたらされたのかは不明である。

もしも前者であれば、極楽に代表される他方仏国土のように、ブッダ一人の業だけが関与していることになるが、後者であれば、娑婆世界であっても、その善なる共業が社会を理想的な姿に変化させることを説いていることになる。

これについて、中村［1963: 344］は、「（この）八句は古来、しばしば、引用される句として有名である。徳川時代、真言宗でも鎮護国家や除災の祈禱《きとう》に、この八句をかきつけて唱えたという。

（中略）仏教と文化の関係、仏教と政治の関係が簡潔に、しかも力強く述べられている」と指摘している。

日本仏教に話はとぶが、日蓮《にちれん》は『立正安国論《りっしょうあんこくろん》』を著し、あいつぐ災害の原因を、正法〈〈法華経〉〉をはじめとする大乗経典）を蔑《ないがし》ろにし、それ以外の邪法（法然《ほうねん》の専修念仏）を信じていることに求め、「正法に立脚すれば（立正）、国家は安泰となる（安国）」と説いた。

その中の第一段には、「正法に背き、悪法に帰すると、善神が国を捨て、聖人も去ってしまい、悪魔や鬼が侵入して禍をもたらす」と説かれているので、ここでも国家の安泰を直接的にもたらすのは、善神や聖人ということになる。

ともかく、これも共業という視点から見れば、正法を疎《おろそ》かにするという悪の共業が国に災難を招き、正法を重んずるという善の共業が国家を安らかにすると理解でき、業の社会性、そして大乗仏教の社会性を考える上で参考になる。政教分離の問題はさておき、創価学会が政治をとおして社会に関わるのも一理ある。

さらにもう一つ、日本仏教の例として、栄西《えいさい》の『興禅護国論《こうぜんごこくろん》』をとりあげよう。書名は、読んで字の如く、「禅を興して国を護る」の意であり、「仏法の久住には戒が最も重要であるが、持戒は禅法そのものであり、持戒の人がいれば、諸天はその国を守護する」と説かれるので、基本的な構図は『立正安国論』と同じである。

護国思想に言及する大乗経典が、これらの業を「共業」と明確に位置づけているわけではないが、とくに護国（鎮護国家）という考え方は、国民一人一人の行為が国家や国土に影響を与えるわけであるから、「共業」に通ずるものがある。それはともかく、護国思想にも大乗仏教の社会性が見てとれよう。

日蓮における苦の受容

日本仏教の日蓮に話が及んだので、一つのモデルケースとして、彼がどのように自分自身の苦と向かい合ったのかを、田村［1980］にしたがって紹介しよう。田村は日蓮の生涯を三つに区分する。

（一）三十歳代：現実肯定的立場の日蓮は、法然が現実否定に立って浄土を来世の彼岸に対置したことに強い批判を向ける

（二）四十歳代：『立正安国論』を著し、政府に意見具申をするが、聞き入れられず、逆に弾圧を受け、現実に対して対決的となった日蓮は、現実を変革して仏国土の建設を志す

（三）佐後流罪以降、日蓮は死を覚悟して現世を否定・超越し、永遠の浄土を死後の来世に立てる

このように、日蓮が三転している背景には、日蓮が受けた迫害や流罪の苦難が大きく関与し、それを契機に日蓮は度重なる苦難に悩み、なぜ苦難をうけるのかという苦難の理由について省察《せいさつ》を加えていくと田村は指摘する。

日蓮の立場になって考えれば、当然であろう。なぜなら、彼が信奉する〈法華経〉の随処に法華経信奉者への加護が説かれ、安穏な生活が保障されているはずなのに、どうして法華経信奉者の自分は迫害を受け、苦難に遭わなければならないのか、という疑問である。

こうして日蓮は自分が経験する苦難の理由について省察を深めていくが、佐渡流罪中に執筆された論書や手紙に基づきながら、田村は日蓮が見出した苦難の理由を、(一)罪業苦《ざいごうく》、(二)末法《まっぽう》苦《く》、(三)無常苦《むじょうく》、そして(四)代受苦《だいじゅく》の四つにまとめている。

(一)罪業苦はわかりやすい。本書の業思想で説明してきたとおりである。日蓮は苦難の理由を自己の罪業深重の凡夫性に見出し、受難は過去の罪をあがない、未来の浄福をもたらすものと考えるようになった。仏教の業思想を普通に適用して考えれば、このような発想になるだろう。

(二)末法苦は時代や社会の乱れに苦難の理由を見出すもので、日本では末法元年と考えられていた一〇五二年以降に生まれた日蓮が、末法悪世の社会動乱にその理由を求めたのも無理はない。

(三)は四法印の「一切皆苦」に代表されるように、人間世界そのものが有限で無常であり、それゆえに執着を性とする人間は苦難を受けるのだと日蓮は考えた。

さて、問題の(四)代受苦であるが、これは伝統仏教には見られない考え方である。日蓮が信奉した〈法華経〉の法師品《ほっしほん》や勧持品《かんじほん》には、菩薩にふりかかる種々の激しい迫害を例示しつつ、それらの苦難を耐え忍ぶことが説かれ、また耐え忍びながら菩薩行に励むことが誓われているし、常不軽菩薩品《じょうふきょうぼさつほん》では菩薩行の理想的なモデルとして常不軽菩薩が物語られる。

日蓮はこのような〈法華経〉の記述に注目するようになり、苦難の理由を最後には忍難殉教《にんなんじゅんきょう》、あるいは代受苦の菩薩に見出したのである。こうして日蓮は自分の苦を、罪業苦にはじまり、最後には代受苦という大乗菩薩の精神に昇華させている。

同じ苦でも、消極的受容の罪業苦（伝統仏教）と積極的受容の代受苦（大乗仏教）とでは、その態度に大きな違いがあるのがわかるだろう。日蓮における苦の受容の深まりが確認できて興味深い。

大乗経典に説かれる代受苦

〈法華経〉では、「苦難に耐え忍ぶ菩薩」の姿は描かれているが、それが直ちに「代受苦」と認識されているわけではない。そこで本章を閉じるにあたり、大乗経典に見られる代受苦の用例を、これも田村［1980］によりながら確認してみよう。

まずは大乗経典の中でも初期に成立したと考えられている般若経のうち、『大品般若経《だいぼんはんにゃきょう》』発趣《ほっしゅ》品《ほん》二十には、次のような記述が見られる。

「云何《いかん》が菩薩、大悲心に入るとするや。若し菩薩、是の如く念ぜん。我、一一の衆生の為の故に、恒河沙《ごうがしゃ》等の劫の如く、地獄の中に懃苦《ごんく》を受け、乃至《ないし》是の人、仏道を得て涅槃に入らんと。是の如きを名づけて、一切十方の衆生の為に苦を忍ぶと為す」（T. 223, viii 258a13–16）

これに対して『大智度論』は、「一一の人の為の故に、無量劫に於て、代わりて地獄の苦を受く（代受地獄苦）」（T. 1509, xxv 414b12–13）と注釈し、ここには「代受苦」という表現が明確に見られる。また『華厳経《けごんきょう》』（六十巻本）には、次のような記述が存在する。

「我、当に一切衆生の為に、一切の刹《せつ》、一切の地獄の中に於《おい》て、一切の苦を受け、終《つい》に捨離《しゃり》せざるべし。我、一一の悪道に於て、未来劫を尽くし、諸の衆生に代わりて無量の苦を受けん（代諸衆生受無量苦）。何を以ての故に。我、寧ろ独り諸の苦を受け、衆生をして諸の楚毒を受けしめざらん。当に我が身を以て一切の悪道の衆生を免贖《めんぞく》し、解脱を得せしむべし」（T. 278, ix 489c15–20）

「大悲心を発す。一切の衆生に代わりて一切の苦毒を受くる（代一切衆生受一切苦毒）が故に」（T. 278, ix 634c21–22）

また『請観世音菩薩消伏毒害陀羅尼呪経《しょうかんぜおんぼさつしょうぶくどくがいだらにじゅきょう》』には、「亦《ま》た地獄に遊戯し、大悲代わりて苦を受く

（大悲代受苦）」（T. 1043, xx 36b17）と表現され、「大悲代受苦」という定型的な表現もできあがる。

さらに『大般涅槃経《だいはつねはんきょう》（大乗涅槃経）』には、「諸の衆生の為に生死に処在し、種種の苦を受けて心に退転なし。是を菩薩の不可思議と名づく」（T. 375, xii 804b14–15）とし、代受苦が菩薩の不可思議な特性であることが強調されている。

伝統仏教では、本生の菩薩（ブッダの本生としての菩薩）について、「菩薩は願って悪趣に赴く」と説くようになる。たとえば、南方上座部の論蔵である『論事』は、南方大衆部のアンダカ派の説として「菩薩の自由意志を行使することによって悪趣に赴く」（Kv. 623.2-3）を紹介し、南方上座部から見れば邪説として斥《しりぞ》けられているが、このような考え方がすでにあったことを示している。

また『異部宗輪論《いぶしゅうりんろん》』には大衆部系の説として、「菩薩は有情を饒益《にょうやく》せんと欲するが為に、願うて悪趣に生じ、心に随《したが》いて能《よ》く往く」（T. 2031 xlix 15c10–11）が紹介されている。

このような本生菩薩の伝承を受け、大乗仏教ではこれが菩薩一般の特性に敷衍される。こうなると、悪趣へは業果に催されて仕方なしに行くのではなく、自らの意志に基づいて進んで行くことになるので、業報の原理はここでも破られることになる。

ともかく、大乗仏教の苦の受容は、伝統仏教のように否定的なものではなくなり、「菩薩として自らの使命を果たす」という積極性を帯びたものに変化する。

第六章

業思想と現代社会

一　差別する社会

業報と差別

世界中には、さまざまな差別が存在する。ユダヤ人や黒人に代表される人種差別、日本の部落差別、障害者や女性に対する差別など、多種多様だ。このような差別の問題に、仏教の業思想はどう向かい合うのか。

仏教は道徳的な意味での善業楽果・悪業苦果を認めてはいるが、それが極度に強調されて誤用されれば、業報輪廻説は差別を助長する思想となる。かつて日本でハンセン病は業病とも呼ばれ、過去世での悪業にその原因が求められた歴史がある。

すでに見てきたように、悪業と苦果、善業と楽果とを関連づけて説明すると、それは普遍化され、「あの人が苦しんでいる（楽しんでいる）のは過去世で何か悪業（善業）を積んだからだ」という理解を暗黙のうちに促進してしまう。

このような業報思想が人々に受け入れられていった背景には、不合理な現実を合理的に理解しようとする人間の知性が働いていたことはすでに指摘したとおりである。生前や死後の生を前提とする輪廻を認めれば、たしかに合理的に人生が解釈されるが、一方では「差別化」に走る下地も用意されることになる。

この前提に立てば、「現世での苦しみ（楽しみ）」が「前世での悪業（善業）」を自動的に意味してしまう恐れがあるからだ。つまり、ある人が「現世で苦しみ（楽しみ）を経験している」ということは、「過去世での悪業（善業）が報いたからだ」と解釈されうるのである。

仏教の業報輪廻説は、楽しみを享受する人を「過去世での善業を実践した善人」、苦しみを感受する人を「過去世において罪を犯した悪人」と決めつける危険性をはらむ。そして、業報輪廻説は不合理な現実を合理的に理解するのに役立つ一方、これが誤用された場合は、苦しむ人を「過去世での罪人」と断罪する恐れがあるのである。

苦をいかに受容するか

この問題は、業報輪廻説を普遍的（客観的）法則（事実）とみなすことに起因する。本書において強調してきたように、業思想に関するさまざまな教えは、苦の受容に資するものであり、そのかぎりにおいて、つまり主観的事実として受け止め、自らの苦を受容するかぎりにおいてのみ、有効なのである。

したがって、これを他者に押しつけたり、差別を正当化する理論として使用するなど、言語道断であろう。私自身も何か苦を経験したとき、「何かわからないけれど、きっと過去世で、その原因となるような悪業をつくったにちがいない」と考えれば、あきらめがつき、その苦を受容するのもそれほど苦ではなくなる。業報説はあくまで、自分自身が自分の苦を受け入れるさいの主観的事実として利用すべきものなのである。

しかし、これについては、次のような反論もあるだろう。たとえば、何らかの差別で苦しんでいるとき、それを業思想によって甘受するだけなら、それは差別を肯定し、差別のある社会の変革を否定することになるのではないか、と。これは、どのような苦を経験するかにかかっている。たとえば、あきらかに自分の悪業によって苦果を招く場合、たとえば殺人を犯して刑を言い渡される場合、これは甘受するしかない。しかしこれが、いわれのない差別で苦しむような場合、話は別だ。

これについては、大乗仏教で説かれる代受苦が参考になる。業の果報として苦しむのではなく、自分が他者に代わって苦を受け止めていると考え、そしてそのような差別に立ち向かうことこそが、菩薩である自分に課せられた使命であるというとらえ方である。

伝統仏教は俗世から出家して個人的な覚りを目指すので、世俗や社会に対して積極的に働きかけることはないし、何か問題が生じたとき、その原因を相手ではなく自分の心に求め、自己変容によって問題を解決しようとするので、「諦め主義」的傾向があるのは否めない。

一方、大乗仏教は、私だけでなく皆で覚りの岸に至ることを理想とするから、おのずと社会性を帯びることになるし、また単なる「諦め主義」でもない。苦の本質をしっかりと見極め、どちらで対処するかが重要となる。

仏教の基本は平等主義

ブッダが女性にも出家を認めたことは当時のインドにおいて画期的だったし、またカースト制度が社会通念のインドにあって、最下層のシュードラからの出家者もいたことがわかっている。つまりブッダは、人間の価値が〈生まれ〉ではなく〈行い〉できまると説いた。これについては、『経集』に次のような話が見られる。

あるとき、ヴァーシシュタとバーラドヴァージャという二人の青年が、「バラモン」について論争をはじめる。バーラドヴァージャは「〈生まれ〉によってバラモンになる」と主張したのに対し、ヴァーシシュタは「〈行い〉によってバラモンになる」と主張し、決着がつかなくなった。

そこで二人はブッダのもとを訪れ、審判を仰ぐ。ブッダは草木や虫等は生まれによって異なり、生まれによって特徴づけられるが、人間は生まれによって特徴が異なっているとは言えないとし、次のように説く。

「生まれにより〈バラモン〉にならず、生まれにより〈バラモンならざる者〉にならず。行いにより〈バラモン〉になり、行いにより〈バラモンならざる者〉になる。

行いにより農夫になり、行いにより職人になる。行いにより商人になり、行いにより傭人になる。

行いにより盗賊にもなり、行いにより武士にもなる。行いにより司祭者にもなり、行いにより王にもなる」(Sn 650-652)

カースト制度が大前提になっていた当時のインドにあって、これを真っ向から否定したのであるから、その斬新さには驚かされる。

赤沼［1981: 392］はブッダ在世当時の僧団の出家者(比丘・比丘尼)および在家信者(優婆塞・優婆夷《うばい》)を、四姓別に整理しているが、その結果は次のとおり。

	比丘	比丘尼	優婆塞	優婆夷	計
バラモン	一六一	一七	三六	五	二一九
クシャトリア	六九	二八	二二	九	一二八
ヴァイシャ	七九	二七	三七	一二	一五五
シュードラ	一九	四	五	二	三〇
不　明	五五八	二七	二八	一五	六二八
計	八八六	一〇三	一二八	四三	一一六〇

この表を見れば、確かにシュードラ階級からの出家は少ない。この数字をどうみるかであるが、

これは僧団が彼らの出家を拒んだのではなく、シュードラ階級の人の出家に対する意識が低かったとみた方がよい。なぜなら、もし彼らの出家を組織的に拒否したのであれば、その数字はゼロであるからだ。

よって、少なくとも最初期の教団は四姓すべてに開かれていたことがわかる。しかし、時代が下ると、出家にさまざまな規制がかかり、誰でも出家できるわけではなくなるが、詳細は佐々木［1996］にゆずり、ここでは省略する。

その要因は縁起説

この仏教の平等性を思想面から考えてみよう。仏教はブッダの個人的な「覚り」という体験に端を発して誕生した宗教であるが、その覚りの内容は「縁起」とされる。縁起も時間的な側面と空間的な側面があるが、ここでは後者に焦点を絞ってその特徴をあきらかにする。縁起とは「縁って起こること」、あるいは「何かを縁として生起すること」を意味する。

すでに紹介したように、一番わかりやすい例が紙の裏表の関係である。「表に縁って（表を縁として）、裏が生起し、裏に縁って（裏を縁として）、表が生起する」のであるから、表あるいは裏だけでは単独に存在しえない。つまり、裏と表は「等価」ということになり、優劣は決められない。

同様に、夫妻の関係を考えてみよう。夫は妻なしには存在しえないし、妻は夫なしには存在しえない。なぜなら、結婚していない男（女）を夫（妻）とは呼べないからである。結婚して、すなわち夫の存在があってはじめて女は妻になり、妻の存在があってはじめて男は夫になる。つまり相互に一方が他方を成り立たせる要因となっているのであるから、両者は等価であり、優劣の関係にはない。

この考え方では、親子の関係も等価になる。親と子はどちらが先に誕生するか。普通は「親」だと考えたくなるが、そうではない。なぜなら、子どものいない男を父、あるいは女を母とは呼べないからだ。子が生まれてはじめて男は父になり、女は母になる。親によって子は生まれてくるが、同時に子の誕生によって、男女は親（父母）として生まれる。つまり、親子は同時に誕生するのである。

自己と他者、男と女、老人と若者もすべて縁起の関係にあり、一方が他方を（そして他方が一方を）支える関係にあるので、この意味において両者は等価であり、優劣はない。両者は同じ価値で支え合う平等の関係にあるのだ。

仏教はキリスト教のように唯一神を立てないが、仏教の根本思想である「縁起」を自己と他者との関係に当てはめれば、自ずと平等の観念は導きだせるのである。

女性差別の問題

業報思想とは直接関係しないが、差別の問題をとりあげたので、女性差別の問題にもふれておこう。現在のインドは男尊女卑思想の強い国として有名だが、古代のインドはそうではなかったらしい。岩本［1980］によれば、ヴェーダ時代は女性の地位も高く、女性の哲学者もいたことが知られているが、ブラーフマナ時代になると女性の地位は転落し、不貞を働く邪悪な存在として描かれるようになる。

ヒンドゥーの法典に見られる女性の存在意義は男児を産むこととされ、当時の社会はいかにして妻の不貞を防ぎ、嫡出の男児を産ませるかに汲々《きゅうきゅう》としていたらしい。ではそのようなインドにあって、仏教の女性に対する態度はどうだったか。

もともと仏教の教団に女性は存在しなかった。完全な男性社会である。しかし、ブッダの養母マハープラジャーパティーが出家を願い出、アーナンダがとりなしたことによって、ブッダは女性の出家を認めたという。しかし、そのことで正法が滅する時期が速まり、資料によって異なるが、『パーリ律蔵』などはこれを五百年とする（Nattier［1991: 28-29］）。

また、比丘の守るべき戒律は二百五十だが、比丘尼は三百四十八あり、比丘の四割増しとなっている。このような事実を以て、仏教は女性差別をしているという見方も存在する。しかし、女性の地位が低かった当時のインドにおいて、ブッダが女性にも出家の道を開いたことは画期的な出来事であった。

また、実際に覚りを開いて阿羅漢になった女性も多数いたことが『長老尼偈』からうかがえるので、「覚り」という仏教の本質に関しては、男女の間にいかなる能力の違いもなかった。それは次の『相応部』の用例からもあきらかである。

女も男も、かくの如き乗物あらば、その人はその乗物に乗りて、まさに涅槃（覚り）に近づかん（SN i 33.13–14）。

しかしながら、伝統仏教後期の時代を経て大乗仏教の時代を迎えると、女性は仏になれないという考え方が台頭してくる。その理由は、ブッダ自身が男性であったからだと考えられるが、これについては、後世、別の理由づけもなされるようになった。それは三十二相《さんじゅうにそう》に基づくものである。

三十二相とは、仏と転輪王《てんりんおう》（古代のインド人が考えた理想の王）のみが具える身体的特徴のことを言うが、その中の一つに陰馬蔵相《おんめぞうそう》（馬のように男根が内に隠れている）がある。つまり、外から見えずに隠れていても、男根がないかぎり三十二相は完備しないので、男性以外は仏になれないという考え方が導き出されてくる。

こうして、大乗仏教の時代になると、女性は成仏できないと説かれるようになったと考えられるのである。そのような女性に成仏の可能性を開くために、「変成男子《へんじょうなんし》」という方法が考え出された。これにも二つの方法があり、〈法華経〉の龍女のように、今生で女性から男性に変身するものと、今生では女性として死に、来世で男性に生まれ変わってから成仏するというものである。

〈無量寿経〉の四十八願のうち第三十五願「もしも私が覚りを得たときに、あまねく無量・無数・不可思議・無比・無限量の諸仏国土における女性たちが、私の名を聞いて、浄信を生じ、また菩提心を発し、かつ女性であることを厭《いと》うたとして、〔この世の〕生を終えてから、もしも再び女性になるようであったなら、その間、私は無上正等覚菩提を覚りません」（Sukh. 18.9-15）は、後者の立場を表している。

これは現代人の目から見れば女性差別と理解されるが、古代のインドでは女性がさまざまな差別に苦しんでいた当時の状況を考えれば、そのような過酷な運命から女性を解放しようとした試みは、必ずしも「差別」という観点からのみ断罪されるべきものではないだろう。

二　世襲化する社会

氏か育ちか

直前で『経集』の詩頌を紹介したが、そこには人間の価値に関するブッダの立場が端的に示されていた。ブッダは、職業を決める要因が生まれではなくその行為にあると宣言していたのである。

これを敷衍すれば、「人間の価値は行いで決まる」となるのだが、ここではそれも含め、職業にかぎって、行為（行い）のもつ意味を考えてみたい。これは日本の「氏《うじ》か育ちか」に置き換えてもいいだろう。

世界に点在するさまざまな民族には、それぞれ固有の文化がある。親族関係や親子関係も、たとえば遊牧民か農耕民という生活様式によって大きく影響を受けるだろうし、宗教の影響も無視できない。

さて日本の文化だが、儒教の「孝」の影響か、親の職業を子が受け継ぐことがめずらしくない。いわゆる世襲である。政治の世界では、二世議員のみならず三世議員もめずらしくない。第二次安倍内閣の閣僚十九人のうち、九人が世襲議員であるから、その比率は何と五十パーセント近くに昇る。日本の全国会議員のうち、三十三パーセントほどが世襲議員というから、三人に一人が世襲議員である。

アメリカにも二世議員は存在するが、その比率は五パーセントで、日本の比ではない。日本では、官僚の世界でも二世の官僚があると聞く。これを是とするか否とするかはさておき、今までの復習もかねながら、業について考えてみよう。

「心」の語源

仏教では人間の価値を決定するものとして、業（行い）を重視する。そしてその業は、三業で言えば「意業」が一番大事であった。なぜなら、身業や口業に先立つからである。考えてから行い（身業）、考えてから話す（口業）のであるから当然である。『法句経』に「すべては意を先とし、意を第一とし、意からなる」と説かれていることはすでに紹介したとおりである。

さてこの「心」だが、インド語で「心」を意味する単語はいくつかある。「思（cetanā）」、「意（manas/manasā）」、「識（vijñāna/viññāna）」などの語があげられるが、最も一般的なのは「チッタ（citta）」であり、〈倶舎論〉では「心・意・識は同義である」と定義されている。

最も一般的に用いられる「チッタ（citta）」の語源は何かと言うと、二つの説があり、一つは「考える（√cint）」、もう一つは「積む（√ci）」である。「考える」という動詞は「心」と容易に結びつくが、「積む」は「心」との接点が見えにくい。

しかしながら、この方が「心」の本質を考える上でおもしろい。なぜ「積む」が「心」の語源になるのかは、「積む」という動詞の目的語を考えると、答えが見えてくる。何を積むのかと言うと、「業」を積むのである。つまり、業の積み重ねが「心」を形成するということになるのである。

人は生まれてからさまざまな業を積み重ねるが、その一つ一つの積み重ねが人の心を形成するのであるから、自分が行ういかなる業も疎《おろそ》かにはできない。

現代の問題として

カースト制度が常識の古代インドにあって、ブッダの提言は斬新であった。しかし、これを二千五百年前の話として、つまり過去の話として処理してよいものだろうか。そこから現代の我々が考えるべき課題はないのだろうか。ここで再度、世襲の問題を考えてみよう。

現代社会の世襲に対する私の違和感は、まさにその職業が行為によって規定されていないという事実に起因する。とくに、高い専門性を求められる職業（したがって給料も高額の職業）が世襲化しているという事実である。

まずは政治家から見てみよう。世襲率の高さはすでにみたとおりだが、それ自体は問題ではないかもしれない。問題は、政治家として何ら実績のない人が出馬しても、親の票田をついで当選してしまうということだ。次に問題なのは、そうして当選した政治家に、本来は必要な政治家としての「志」がないことである。

同じことは医師の世界にも当てはまる。志をもち、苦学して医者になったのは昔の話。今や子どもの学力は親の収入に比例し、経済的に裕福な医者は多額のお金を息子や娘に投入できるので、医者の世界も世襲がめずらしくない。

また子どもの方も、熱い志からではなく、偏差値が高いからという理由だけで医学部を選ぶ者もいると聞く。そのような学生がどのような医師になるのか、想像しただけで恐ろしい。そして彼（女）らが医師となって高額の収入を得れば、また自分の子どもに多額のお金を投下し、こうして志のない医師が再生産される。

ことわっておくが、世襲自体が悪いわけではなく、志があれば世襲されても問題ない。しかし、このような仕組みは、志のない医師を産出する危険性をはらんでいることも忘れてはならない。最後に僧侶。明治以降は僧侶も妻帯するようになり、今では僧侶の世襲は当たり前である。収入は寺の規模によって違うが、僧侶も政治家や医師以上に「志」が必要とされるのに、現在の世襲制は「志」のない僧侶を産みだす危険性をはらむ。

高度の専門性が必要とされる職業で健全なのは、スポーツであろう。この世界で二世や三世はそう存在しない。野球では長嶋茂雄や野村克也の息子がプロの世界に入ったが、その成績たるや、親に及ばないばかりか、平均を下回るものであった。ゴルフの世界も同様であるが、これが専門性の高い職業における世襲の本来の比率ではないか。

伝統芸能や伝統技術の伝承など、世襲には肯定的側面もあるだろうが、職業によっては、それを上回る負の側面があることも見逃してはならない（荒［2009］）。

自分自身を振り返る

では最後に、業思想から現代の世襲化する社会を振り返ってみよう。生まれではなく行いで人間の価値が決まるとしたら、政治家・医師・僧侶の価値は何で決まるのか。当然その答えは「行為」であろう。

医学部を卒業し、国家試験に合格したというのも行為（業）であるから、その行為によって「私は医師である」とも言える。しかしここではもう一歩踏み込み、医師になったあと、医師としてふさわしい行為をしているかどうかを顧みる必要がある。つまり、「私は本当に医師として恥ずかしくない（医師として本来やるべき）行為をしているから医師である」と胸を張って言えるのかどうか。ここが問題である。

私自身も大学の教員として、いつも振り返りは欠かさないようにしている。つまり、「私は大学教員として採用されたから大学教員なのか、あるいは大学教員としてやるべき行いをしているから大学教員なのか」と問うのである。

もちろん、できていないときもあるが、このように振り返る機会がないと、改善するチャンスもない。ブッダの精神を生かすなら、大学教員らしい行いをすることによってしか、本当の意味での大学教員にはなれないはずだ。

同様に政治家も、選挙に当選したから政治家なのではなく、政治家らしい行いをすることで政治家になり、また僧侶も、寺に生まれて僧侶の資格をとったから僧侶なのではなく、僧侶らしい行いをするから僧侶になるのでなければならない。

現代社会において、本来志が必要とされる仕事は世襲化され、志が蔑ろにされようとしている。仏教は三業のうち「意業」を最重視するが、この「志」はまさに意業にかかわるわけであるから、それが軽視されるようであってはならない。このような視点からも、世襲化はおおいに見直されるべきであろう。

三　振り返らない社会

善の懺悔

直前で「振り返りは重要である」という話を展開したので、これについて別角度から再度、考えてみたい。題材は再び「七仏通誡偈」である。繰り返しになるが、まずは漢訳を紹介しよう。「諸悪莫作　衆善奉行　自浄其意　是諸仏教」というたった漢字十六文字の教説だが、ここで問題とするのは第三句の読みである。この漢訳は、「自ら其の心を浄めよ」と書き下せる。

インドの仏典は中国で何回か漢訳しなおされることがあるが、これも例外ではない。三蔵法師《さんぞうほうし》のモデルとして有名な玄奘《げんじょう》もこの偈を訳しているが、当該箇所のサンスクリットsvacitta-paridamanaを、玄奘は「自調伏其心（自ら其の心を調伏《ちょうぶく》せよ）」と訳している。「浄」にあたる部分が「調伏」に代わっているが、原語paridamanaはto controlを意味するので、玄奘訳の方が正確と言えよう。

さてこの解釈に基づき、独自の解釈を施したのが、仏教学者の山口益である。以下、一郷［2001］によりながら説明しよう。玄奘訳に基づいて七仏通誡偈を理解すれば、「悪を実践しないで、善を実践するという、その私の心をもう一度チェックしなさい、そういう心をこそ浄化しなさい」と解釈できる。

ここから山口は「善の懺悔」という考えを導きだす。倫理や道徳の世界では廃悪修善が目的となるが、仏教は倫理や道徳を含むものの、宗教ゆえに、そこに留まることはない。廃悪修善の〈あと〉が重要なのだ。それが「自調伏其心」、すなわち悪を犯したとき以上に善の実践こそ振返って、懺悔する必要があると言う。なぜか。

だれでも善を実践した後は気持ちのよいものだ。相手にも喜ばれて自己肯定感も高まるので、自己満足に陥り、自分を客観的に振り返ることはないが、そこにこそ陥穽《かんせい》が待ちかまえている。「善の懺悔」と聞いたとき、私は「悪の懺悔」の間違いではないかと思ったが、説明を聞けば、なるほどと肯くばかりである。では具体的に善の懺悔の用例を、フィクションから一つ、ノンフィクションから一つ紹介しよう。

山本周五郎『雨あがる』

『雨あがる』は、山本周五郎の短編小説である。二〇〇〇年には寺尾聰主演で映画化され、黒澤明の遺稿脚本の映画化ということで話題を呼んだ。ストーリーを簡単に紹介しよう。

時は江戸、享保《きょうほう》の時代。主人公の三沢伊兵衛は剣の達人なのだが、正直で優しい性格ゆえに、出世がままならない。侍としてよりも人間らしく生きようとする伊兵衛は、愚直までに不器用な人間であったが、そこが主人公の魅力でもある。

そのような性格のため、誰かが困っていると放っておけない。あるとき、峠を通りかかると、馬子たちが侍たちともめている。事情を聞けば、侍たちが馬を利用したにもかかわらず、駄賃を払わぬとごねているらしい。

それを聞いた伊兵衛、侍が弱い者いじめをしているので許せない。「私はこういう人たちは嫌いです。刀を差していて弱い者いじめをするなんて、きっと本当の侍じゃなく偽者なんでしょう、それにお金も持っていないのかもしれませんよ」と馬子たちに言ったものだから、ケンカを売られた侍たちと一悶着《ひともんちゃく》。しかし伊兵衛は剣の達人なので、一人も傷つけることなく侍たちを退散させた。

ここまで見れば、伊兵衛の行為は善業には違いないのだが、これには後日談がある。数日後、同じ峠を歩いていると、伊兵衛は異変に気づく。峠には馬子たちはおらず、その子どもたちが旅客の荷物持ちをして働いていた。

理由を訊くと、子どもたちは、親が稼ぎに出てはいけないと言う。出れば、あの侍たちにひどい目にあわされるから、みんな家で寝ていると言うのだ。つまり、侍たちの報復である。子どもたちは言う。

「小父さんのためなんだ、小父さんは善い人だって、父もみんなもそう云ってた、悪い人じゃないらしいって、でもよけいなことをしてくれたってよ」

「（前略）騒ぎのときに黙っててくれればよかった。そのときの駄賃は損しても、こんな仇をされることはなかった（後略）」（山本［2008: 232-233］）

まさに善意の押し売りである。善いことをしたときほど、それは本当にして善かったのかを謙虚に反省しなければならないし、やる前にもその影響について思いを巡らす必要がある。

中坊公平『罪なくして罰せず』

次に紹介するのは、現実の世界で実際に起こった例である。一九八〇年代の終わりから一九九〇年にかけ、日本中はバブル景気に浮かれていた。しかし、バブル（泡）ははじけるもの。一九九一年にバブルは崩壊し、多額の不良債権が発生したが、住宅金融債権管理機構の社長に就任し、この不良債権回収に尽力したのが弁護士の中坊公平であった。

彼は以前に、戦後最大の詐欺商法と呼ばれた豊田商事で同社の破産管財人になったり、森永ヒ素ミルク中毒事件では被害者救済の弁護団長を努めた。では彼の著書からその例を紹介しよう。弁護士として自分のキャリアをスタートさせた彼は、知り合いから次のような話を聞いて、なるほどと納得したと言う。

「弁護士というのは日本で生まれた職業ではありません。欧州で生まれたものです。しかも欧州では、弁護士と医者と牧師（神父）は『プロフェッション』と称してひとくくりにされ、ビジネスオンリーであってはならないと戒められている。なぜかと言うと、これらの職業は人の不幸をカネもうけの種にしているからです」（中坊［1999: 63］）

ここで紹介されている職業はすべて、他者に不幸が発生したときに出番のある不思議な職業である。ここの牧師（神父）は、日本の僧侶に相当することは言うまでもない。さてこの話を聞いて深く感じ入った中坊は、依頼者に具体的な報酬額を請求するのをやめたらしい。こちらからは請求せず、提供されるだけの報酬を受けとるようになったのである。

こうしたやり方で弁護士の仕事をこなしていた中坊が、森永ヒ素ミルク事件を担当した。被害者と国と森永の三者で和解が成立し、事件の訴訟がすべて終結したときのこと。彼はある被害者の母のもとに何度か足を運んでいたが、その母親はそのたびに彼に現金を差しだした。

貧しい家なのに五千円も差しだそうとする彼女に、「金儲けで来ているんと違うんです」といって返そうとするが、彼女は受けとろうとしないので、とりあえず受けとったが、自分のためには使わず、そのお金で彼女の子どもが喜ぶようなプレゼントを買って、デパートから被害者の家に送っていた。

これは涙を誘う〈美談〉なのだろうか。少なくとも、私はそう思った。感動にひたりながら次の頁をめくると、その感動は根底から崩される。次頁は次のように始まっていた。

そうしたある日、家から駅まで歩いて帰るとき、母親が私を送ってくれた。夕暮れどき、私たちは肩を並べて歩いていた。すると、不意に彼女はひとりごちるように言った。
「先生は、私たち貧乏人のお金はやっぱりもらってくれないんですね」
自分はなんということをしていたのかと、私は暗澹《あんたん》たる気持ちになった。すべては、私がいまだに上げ底から被害者たちを見下ろしていたからにちがいなかった（中坊［1990: 116］）。

この事例からも、善の懺悔、すなわち、善いことをしたと思っているときこそ、振り返りが必要なことがわかる。

微に入り細にわたって

臨床心理学者の河合［1998］は、ボランティア活動について同様の指摘をしている。「善行」をしたい人の一番困ることは、「善いことをしている」と思っているため、それが引き起こす迷惑についての自覚が薄いことであると言う。

たとえば、あるボランティアの人が老人ホームにやってきて、老人にやたらに親切にすると、老人も嬉しくなって甘えてしまうので、相対的に施設の人の対応が冷たく感じ、つい文句をいってしまう。こうなると施設の人はボランティアの人が来ても歓迎せず、施設側から来所を拒まれたり、板挟みになってきた老人が急に無愛想になったりして、破局を迎える。
老人からさまざまな要求があったとき、それにすぐ応じることが本当に意味があることかどうかを考えてみる必要がある。そうしないと善が善にならないどころか、有害なことにさえなってくると河合は説明する。そして河合はイギリスの詩人ウイリアム・ブレイクの言葉を紹介している。

「他者に善を行わんとする者は、微に入り細にわたって行わなければならない」

このあと、河合は先進国の対外援助に言及する。日本はその典型例であろうが、開発途上国に支援と称して多額のお金を援助する。それはそれで結講な話だが、そのお金が本当に有効に使われ、その援助金によってその国が自立できるような援助になっているかを真剣に考えて支援しているだろうか。

四　責任を取らない社会

苦の構造

仏教を理解するキーワードの一つは、「苦」である。なぜなら、仏教は苦からの解脱を目指す宗教であるからだ。よって、いかに苦と向かい合うかが重要となる。

では、その苦がどのように生じるのかを考えてみよう。苦には、ある普遍的な構造がある。「こうしたいという欲望」と、「そうなっていない現実」がズレたとき、苦は起こるようになっている。

たとえば、減量したい人にとっては、「体重を六十キロにしたいという欲望」と「八十キロあるという現実」のズレ、つまり二十キロの差が重く苦となってのしかかる。あるいは、「いつまでも生きていたいという欲望」と「必ず死ななければならない現実」がずれるので、死が苦と感じられる。

では、苦をなくすにはどうすればよいか。答えは簡単である。ズレをなくせばよい。どうなくすか。方法は二つある。ダイエットの例で言えば、一つは、ダイエットによって八十キロという現実を六十キロにすればよい。これは現実を変えて欲望を満足させるという方法である。もう一つは、八十キロのままでよいと諦めることだ。これは、欲望を捨てて現実を受け入れるという方法である。

苦を解消するにはこの二つしかないが、死の苦しみを解消する方法は一つしかない。「生まれた者は死ぬ」という現実は変えられないので、死の苦しみを乗り越えるには、死という現実を受け入れるしかない。ブッダもこれを採用した。

科学技術と仏教

ここで科学技術と仏教（宗教）の違いについて考えてみよう。この両者は、いずれも「苦の解消」という点で共通する。しかし、その方法は対照的だ。つまり、既述の「現実を変えて欲望を満足させるという方法」をとるのが科学技術、また「欲望を捨てて現実を受け入れるという方法」をとるのが仏教である。

たとえば、「早く楽に目的地に着きたい」という欲望が、科学技術をして、車や電車、そして飛行機を産出せしめた。また自分の気持ちを他者に早く伝えたいという欲望が、科学技術をして、電報や電話、そして携帯電話を誕生せしめた。

このように、科学技術の発達の陰には、「もっと便利に、もっと快適に」という、とどまることを知らない人間の欲望に突き動かされている自我（エゴ）が潜んでいることがわかる。

こうして科学技術は発達し、便利で快適な世の中となったが、それは裏を返せば、それだけ人間の欲望が強くなったことを意味し、自我（エゴ）が肥大化していることを考えると、手放しでは喜べない。過去から現在において、人間の欲望は強化されてきたとすれば、現在から未来に視点を移した場合、人間の欲望はますます強まり、自我肥大化の世の中になっていくことは容易に想像できる。

現在と過去とを比較してみた場合、日本は確実にアメリカのような訴訟社会になっていくだろう。訴訟社会になれば、今まで泣き寝入りしていた人々が法的に自己の権利を主張しやすくなり、不利益を解消できて平等な社会を実現するというプラスの面もたしかにある。反面、何でもごねて裁判沙汰にし、慰謝料を獲得しようというマイナス面も起こりうる。

ここ数年、モンスターペアレンツの存在が話題にのぼる。本当に不当な訴えを学校にする場合もあろうが、中には度を越したケースも散見する。

たとえば、「自分の子供がけがをして休む。けがをさせた子供も休ませろ」、「親同士の仲が悪いから、子供を別の学級にしてくれ」、「今年は桜の花が美しくない。中学校の教育がおかしいからだ」などという訴えもあると聞く。しかし、欲望満足型の社会になって自我が肥大化すれば、このような親が出現しても不思議ではない。

進化論的に見て、超悪人は死刑などになってその遺伝子を後世に残せなかったであろうし、また超善人は自分の命を犠牲にして他者を助けるので、こちらもその遺伝子を後世に残すことはむずかしい。とすれば、「そこそこ善人でそこそこ悪人」の遺伝子が生き残りには適している。現在の我々は、その「そこそこ人間」の末裔なのだ。

しかし、その「そこそこ人間」も、未来に向かっては、自我肥大という悪の面が強調されるであろう。自我肥大化は自己中心化とセットであるから、衝突は大小さまざまな局面で頻発するに違いない。では、そのような人間が引き起こす問題を無表業という観点から考えてみよう。

結果がでるまで業は終わらない

無表業は「外に表れない（目に見えない）行為」だと説明したが、原因となる行為が何らかの結果をもたらすまでの間は潜在化しており、表にでることがない。この無表業という観点から現代社会の問題点を指摘するのが、仏教学者の並川［1998］である。以下、これによりながら、その要点をまとめてみよう。

「人間社会の営みの現象は、すべて人間の行為によって生みだされるという見方がすべての思考の大前提」とする並川は、行為の規範が混乱した現代社会の諸問題の原因もすべて人間の行為に帰することができるという。

しかし、行為の善悪は相対的判断に基づくものであるし、また時代や地域の差異が大きく影響するので、そのような価値づけは危険でさえある。真に問題とすべきは、「行為と責任の持続性といった行為の原理に係る内容である」とする。つまり無表業の重要性に着目するのである。そして、次のように指摘する。

現代社会の混乱の原因は、すべて人間の行為に帰するとのべたが、特にその病巣には行為とその責任の持続性という考え方が見事に欠落している。そこには行為の倫理性や因果律が見失われ、自己の行為とその責任との間に何の必然性も存在していない状況が露呈している。自己の欲求に従った自己中心的な行為は、それ自体で完結してしまい、その行為の成り行きに何の責任も感じないのである。無責任な行為は、自覚しようとしまいと自己に積み重ねられ、無責任な自己を作りだすのである。

環境問題や社会問題など、さまざまな問題の原因は、行為がその結果と切り離され、行為がそれ自体で完結し、その行為がもたらす結果に責任を感じないという考え方に起因していると、並川は指摘する。

先ほどとりあげた開発途上国の支援問題、企業の利益優先にともなう環境破壊の問題、税金の無駄遣いと揶揄される公共事業投資の問題。どれをとっても「何かしたらそれでおしまい。後は知りません」という態度が、現代社会の混乱を招いていると言えないだろうか。

これを脱するには、「結果がでるまで、その行為は完了しないのだ」という意識をもつことが重要であり、そうすれば、「その行為の結果までみすえて慎重に行為しなければならない」という自覚が生まれてくる。責任はその行為の結果が出現するまで持続する。目に見えないからといって無表業を侮ると、大変なことになる。

東日本大震災をどう考えるか

環境問題、とくに環境破壊の問題は、無表業という点からおおいに見直されるべきであろう。毎日、広大な森林が消滅し、二酸化炭素の排出によって地球が温暖化すれば、そのような人間の無表業は、将来いつの日か、取り返しのつかない結果を人間に将来するからである。

では、自然災害はどうか。最近の事例としては、やはり東日本大震災を避けてはとおれない。これについては、無表業について論じる前に、共業という視点からまず考えてみたい。東日本大震災は、ある特定の人々（東北地方の人々）が共通に経験したので、これは共業の結果というとらえ方ができる。

しかし、この大災害で亡くなった大勢の人々、また大切な人を喪った大勢の人々は、この考え方に同意できるだろうか。まったく受け入れられないであろう。なぜなら、このような苦果の原因は過去世の悪業を前提とするからだ。「私たちだけが、どんな悪いことをしたと言うのか！」という怨嗟《えんさ》の声が聞こえてくる。

すでに指摘したが、これは業報思想が誤用された場合に陥る陥穽であり、これを普遍的法則とみなし、苦しんでいる他者にこれを押しつけるとすれば、劣悪な差別思想と化すだろう。

では、この苦をどう腹に収めるか。ここで私は、大乗仏教の「代受苦」に注目したい。つまり、震災物故者は「菩薩」であり、本来なら我々が経験しなければならない苦しみを、すべて我々に代わって受けてくれたと考えてはどうだろうか。

東日本大震災の場合、地震や津波は天災としても、福島原発事故の問題は人災の側面もある。我々は科学技術を駆使し、欲望を満足させるために快適で便利な生活を享受してきた。大量生産・大量消費型の社会を是としてきたのである。そしてその結果、我々の自我は極限までに肥大化（インフレート）してしまった。

そこで起こった原発事故。これは何を意味しているのかを真摯に考えなければならない。「神」や「宇宙意志」をもちだすまでもなく、仏教の業論から言えば、これは我々の業が引き起こし、そしてその結果、我々は〈苦〉を経験しているのであるから、それは無表業の理論を用いると、これまでの生き方は「間違っていた」ことになる。つまり、我々は今、従来の生き方に変更を迫られているのである。

そして、その変更を、身を以て我々に提示してくれたのが、菩薩である震災物故者とは言えないだろうか。にもかかわらず、「のどもと過ぎれば」で、もう他の原発は再稼働に向けて動きだし、大量生産・大量消費型の社会は変更されそうもなく、大量の電力を消費して二酸化炭素を排出し、温暖化には歯止めがかからず、人間は相変わらず欲望満足型・欲望追求型の生活を維持しようとしている。つまり我々の生活は、震災以前と以後とでほとんど変わっていないのである。

命を犠牲にしてまで、現代の我々の生活の非を教えてくれた菩薩（震災物故者）の恩に報いないとすれば、このような無表業は将来、共業として我々にいかなる果をもたらすのか、よくよく考えてみなければならない。私も現状に異を唱えるだけなら、結果として現状を肯定していることになり、何もしない人と同罪である。

五　身体性が欠如する社会

解剖学者がみる現代社会

急速なＩＴ革命により、我々の生活は激変し、それを支えるパソコンやスマホの技術の進歩はめざましい。開発当初、大きな部屋を専有していたコンピュータも、今では机の上に小さくおさまるまでに縮小した。コンピュータ機能はある意味で脳の機能の一部であるが、パソコンの小さな画面でのやりとりは、脳内で行っている作業を視覚化したような、妙な錯覚をおぼえる。

このような状況を脳化社会と位置づけ、唯脳論を提唱したのが解剖学者の養老〔1989〕である。唯脳論とは、「マクロコスモス（外界・社会）はミクロコスモス（脳）を反映する」という立場を基本とする。脳化社会は情報社会・管理社会でもあり、人工・人為はすべて一度は脳を通過したものとみなす。

公園の木々を考えてみよう。木そのものは自然だが、その配列は人為・人工である。つまり、人工・人為はすべて脳を通過しているのである。都市はとくにこの人為・人工であふれているので、極論すれば、「都市で暮らす」ということは「脳の中で暮らす」と同義である。

脳は神経を体中にはりめぐらし、情報を収集して身体を統御し管理する。つまり、脳は予測と統御とを行う器官なのである。なぜ脳は身体を予測し統御しようとするのかと言えば、身体は予測と統御（管理）に反するものであるから、脳は身体を予測可能なものとして管理規制しようとするらしい。

したがって、人間の脳は〈性〉と〈暴力〉をきびしく規制する。法律を見れば明白だ。なぜか。養老によれば、性と暴力は身体性を顕著に象徴するものであり、脳に対する反逆が明白であるからだと言う。

しかし、脳は必ずその発生母胎である身体によって最後には滅ぼされる。だから脳は予測不可能な〈死〉をタブー視し、隠蔽《いんぺい》しようとする。現代社会の死に対するタブー視や隠蔽の態度は脳機能で説明できるというのが養老の立場だ。

テレビで死体が放映されることはまずない。死体遺棄現場から死体が運びだされるときのブルーシートがそれを如実に物語っている。都会の火葬場はまるでホテルのようであり、そこで死体を焼却しているとは思えない。またエンバーミングといって、死体を生きているように処理する技術も発達している。

唯脳論でおもしろいのは、軍隊やスポーツにおける体罰の制度化もこれで説明できる点だ。軍隊や体育系クラブは身体が資本であるが、脳化が進んで身体性が欠如していては、戦争も試合も成立しない。そこで、逆に身体性に目覚めさせるための暴力が制度化されるというわけだ。ともかく、時代が進めば、それにともなって脳化も進行し、その結果、未来に向かってますます身体性は欠如する方向に進むだろう。

寄生虫学者がみる現代社会

身体性の欠如は、寄生虫排除の問題ともリンクしているようだ。ユニークな視点から現代社会に警鐘を鳴らすのが、寄生虫学者の藤田［1998］である。彼はアレルギー性鼻炎やアトピー性皮膚炎など、アレルギー性の疾患の増加の原因は、人間の体内から寄生虫を排除したことに求める。

寄生虫はIgE抗体という物質を人間に作りださせ、これがアレルギー反応に関係する細胞の表面をおおってその働きを鈍らせ、アレルギー反応を抑えている。つまり、寄生虫はアレルギー性の病気の発症を抑える役割を演じているのだ。「体内に棲《す》みつく虫」は身体性を顕著に象徴しており、脳化が進めば、当然、寄生虫は排除の対象となる。こうして脳は、人間と寄生虫とが悠久の時間をかけて築いてきた共生関係を、たった数十年の衛生観念に基づいて寄生虫を排除したため、本来なら悩まなくてもよい疾患に悩まされるようになったと言う。

藤田はまた、「臭い」という側面から現代社会の問題点を指摘する。近年、体臭からニコチン、はては排泄物の臭いを消す無臭化が進んでおり、香りで売る化粧品にも、微香性や無香性など、無臭を謳ったものもある。

ある中年の男性は、家族から「お父さんのトイレの後、臭い」と妻や娘に言われてから、自分の臭いが気になりはじめ、大便の臭いを抑えるための消臭剤を飲んでいた。この薬は、もともと老人介護や人工肛門利用者のための商品だったが、今では購買層の四割がOLなどの若い女性だと言う。

体臭や大便の臭いなども身体性を象徴するものだが、脳化が進めば、動物にとって大切な自己主張のサインも自分で消しにかかるようだ。このような事例からも、現代社会は身体性の欠如に向かって進んでいることがわかる。

〈わかる〉と〈かわる〉

最初に紹介した解剖学者の養老と物理学者の佐治［2004: 85–87］の対談を収めた著書があるので、紹介しよう。あるとき、佐治は高校で理科を担当している先生方の研修会に呼ばれて、宇宙の始まりから人間に至るまで、一般的な話をした。

すると、国立大学で学位を取り、立派な業績をもつ先生が佐治のもとにやってきて、「先生が話されたことは全部知っている。それよりもビックバンが起こる前に、どんなゆらぎがあったか、そこのところの数学的な話が聞きたかった」と言ったそうだ。そこで、佐治はこう答えた。

「宇宙のことを知るということは、宇宙のことをあなたが勉強して知ることによって、あなたの人生がどう変わったかということをもって、知る、ということなのです。あなたは生徒に、授業を通して彼らの人生をどのように変えられるかということを念頭において、地学の講義をしていますか」

そして佐治は、「〈わかる〉ということは〈かわる〉ということである」と結んでいた。この話は心と体の関係を考える上で示唆的であり、もう少し深くこの問題を考えてみたい。

残念なことだが、いじめによる死亡事件が後を絶たない。テレビでは、被害にあった生徒が通う学校の校長先生へのインタビューが放映され、校長先生は口をそろえて、「心の教育」の重要性を訴える。意業を重視する仏教の立場からも間違ってはいない。しかし、私はこの言説にやや違和感を覚える。それは「身体が忘れられているのでは」と感じるからだ。

たしかに仏教は意業を重視する。しかし、人間の行為として三業が立てられている点も忘れてはならない。三つ合わせて「人間の行為」なのであり、人間は身体をもたない霊的存在ではない。基本的に、身体を離れて意業の居場所は存在しない。

〈わかる〉とは頭(あるいは心)の理解であるから意業、〈かわる〉とは身体的な行動の変化であるから身業(口業もここに含める)にかかわるが、では意業と口業・身業の関係はどう考えればよいのか。ここで、修行の意味を考える準備が整った。

身体をもつことの意味

修行することの意味は何か。それは、〈わかる〉と〈かわる〉を例にとれば、「〈わかる〉↓〈かわる〉」という方向とは逆に、「〈かわる〉↓〈わかる〉」という方向で理解することができよう。

「〈わかる〉↓〈かわる〉」が「〈こころ〉↓〈からだ〉」の方向であるなら、「〈かわる〉↓〈わかる〉」は「〈からだ〉↓〈こころ〉」の方向である。つまり、行動が〈かわる〉ことによって、ある境地が〈わかる〉。まずは形（や型）から入るというわけだ。

ブッダのような超人（あるいは達人）は、いきなり形而上（言葉を超越した）の世界に入ることができる。そして、その境地を形而下（形のある世界）に降ろし、それを言葉や修行という形で表現できる。

茶道や華道などの芸事も同じであろう。その道の達人はずばっと形而上の世界に入り、その境地を〈型〉として形而下に降ろす。弟子たちは師匠のようにいきなり形而上の世界には入れないので、師匠が形而下から降ろしてきた型をとおし、また型をまねることで形而上の世界とかかわるきっかけを得る。

仏弟子も同じだ。いきなり覚れるわけではない。そこでブッダが形而下に降ろしてきた行を実践することで、覚りの境地を体得することを目指す。「不殺生・不偸盗・不邪淫・不妄語・不飲酒」などの戒律を守ることで、悪を抑制し、これが習慣化すれば、悪を犯そうと思っても犯せなくなり、その「善の習慣化（律儀）」が結果としてその人に覚りをもたらす。

ブッダのように真理を覚れば、その人の行動はおのずと「不殺生・不偸盗・不邪淫・不妄語・不飲酒」という方向に〈かわる〉。つまり真理が〈わかる〉ことで、その人の行動は悪を犯さないように〈かわる〉のだ。

しかし凡人はいきなり真理の世界に入ってはいけない。そこで、真理を覚った人がとる行動をまねることで、つまり真理を覚った人と同じように行動を〈かえる〉ことで、真理を〈わかる〉ことをめざすのが修行であり、修行の意味はここにある。

心と体の関係は双方向的である。考え方（こころ）が変われば行動（からだ）が代わるし、逆に行動をかえれば考え方も変わる。しかし、社会が脳化すれば、その方向は心から身体への一方通行になり、こころとからだのバランスは崩れる。

元気だから大声がでることもあるが、大声をだすから元気になることもある。楽しいから笑うこともあるが、笑っていると楽しくなるものだ。心の教育の重要性は百も承知だが、身体の教育も忘れてはならない。〈こころ〉に訴えかける前に、早寝早起きの習慣や朝食を食べるくせを〈からだ〉につけることで、現在の教育問題の多くは片づくと考えるが、それはあまりに楽観的すぎるだろうか。

身体性が欠如し、脳化が進行する現代社会、人間は身体をもつ生き物であることを再認識し、幽霊あるいは透明人間にならないよう気をつけなければならない。

終章

仏教の業思想とは？

神の存在意義を認めない仏教

世界にはさまざまな宗教がかつて存在していたし、今も存在している。また世界中では多種多様の神話が創作されたが、その中に創世神話がある。神が世界を創造したというのは、現代の我々には荒唐無稽《こうとうむけい》に響くが、ある意味ではわかりやすい。

しかし、仏教は神の存在(正確には「存在意義」)を認めないので、神による創世神話は存在しないし、人間の幸不幸も神との関連で説明しない。仏教は、その説明原理を人間の業に求めた。業が世界を作り、業が人間の幸不幸を決定すると説いたのである。

仏典によれば、ブッダは自らを業論者・行為論者・精進論者と定義した。これがブッダの真の言葉かどうかはわからないが、少なくとも仏教はブッダをそうとらえており、そこに仏教の立場が表明されている。本書で見てきたように、ブッダは合理的精神をもっていたので、人間の努力(精進)を否定する宿命論・尊祐論・偶然論を斥けた。

因果関係を認めなければ、そもそも修行自体に意味がなくなる。なぜなら、修行(因)して苦から解脱(果)するのが仏教の大前提であるからだ。努力は報われなければならない。これがブッダの、そして仏教の大前提である。

また、まっとうな宗教である以上、社会常識を無視しては存在しえない。仏教は最終的には社会(俗世)を越えていくことを目指すが、そうかと言って、その越えていくべき社会を最初から否定することはない。

出家者は世俗から出家して僧団を組織したが、生産活動に携わらない彼らは衣食住の布施を在家者に依存したため、完全に俗世間と関係を断つこともない。かくして、僧団は社会の道徳的倫理的要請にも応える必要があった。こうして、仏教では業が重要なテーマとなり、また精緻な分析も加えられるようになった。

つまり内発的には修行と解脱の因果関係を保証する意味で、また外発的には社会の廃悪修善という道徳的倫理的要請に応える形で、業思想の必要性が認められていったと考えられるのである。

主観的事実としての業

そのような外発的かつ内発的な必要性にせまられて、仏教は業の思想を整備し展開し体系化していったが、業に関連するさまざまな説は、客観的事実としての意味をもたない。仏教で大事なのは、「いかに苦から解脱するか」（出家者）、あるいは「いかにして苦に満ちあふれたこの現実の生を何とか生きるか」（在家者）であり、そのための理論としてのみ業思想は有効に機能する。業はそのような前提のもとに構築された思想体系なので、いかなる前提ももたずに純粋な知的好奇心から解明される自然科学的な事実（原理）とは、そもそも性格が異なる。結果として仏教の業の理論は、科学的で客観的な事実や原理と符合することもあるが、それはあくまで結果であり、最初からそれを目指していたわけではない。

仏教の業論は、苦を克服するための主観的事実であるから、それをすべてに適用しようとすれば、どこかに齟齬や矛盾がでてくるのは当然だ。すでに見てきたように、仏教の業論はさまざまな矛盾に満ちていた。それをここで整理してみよう。

業論のさまざまな矛盾と齟齬

輪廻の主体　ブッダは輪廻について消極的（あるいは否定的）であったと推察されるが、ブッダの死後、教団は輪廻を前提に教理を体系化しはじめた。ここでまず問題になるのが、無我を説く仏教にあって「輪廻の主体は何か」が大問題となる。仏教は「五蘊仮和合」という論法でこれを乗り切ろうとしたが、すっきりした論理ではなく、やや言い訳がましいところがある。

また初期経典の段階で、五蘊の中の識（vijñāna/viññāna）が輪廻の主体とみなされるようになったと中村［1993: 648-651］は指摘する。時代が下ると、部派の中でも犢子部（およびその流れをくむ正量部の初期段階）は、輪廻の主体として「人／霊魂」を意味する「プドガラ（pudgala/puggala）」を立て、輪廻説との矛盾を解消しようとしているし、大乗仏教の唯識哲学になると、現代の心理学で言う深層心理に相当する「阿頼耶識《あらやしき》」を立て、これを輪廻の主体とみなすようになった。

また、「無我（我がない）」と訳されるanātman/anattanは本来「非我（我でない）」を意味するとし、「我」自体を否定したのではないと説く仏教学者もいる（中村［1970: 79-99］）。

このように、時代を経て、輪廻の主体はそれぞれの立場から解釈や意味づけがなされ、仏教内部ですら統一した見解をもつに至っていない。それもこれも、業報輪廻説が客観的事実ではなく、主観的事実であるからだ。

アングリマーラ説話　輪廻否定から輪廻肯定にシフトしたことで、アングリマーラの説話も、改変を迫られることになった。殺人という悪業を犯しておきながら、今生において阿羅漢になり、輪廻を超越してしまったものだから、悪業の清算を来世に求めることはできなくなる。かくして、業果の先取りや、死ぬ直前に地獄の火で焼かれ、アングリマーラは多大な苦を経験しているといった話が創作されるに至った。

ブッダの足の怪我　次に、ブッダの足の怪我をとりあげよう。初期経典はブッダが足を怪我したことを説くが、『ミリンダ王の問い』はこれを悪業の果報とはみなさない。これに対し、説一切有部の文献は、これをブッダの過去世の業果とみなし、業の不可避性の原則（定業）をブッダにも厳しく適用する。

この違いは、両部派の価値観の相違に起因していると考えられる。南方上座部はブッダ一仏にこだわり、ブッダを絶対視する立場を取るので、ブッダに悪業があることを容認しない。つまり「仏中心」である。

一方、説一切有部は「五位七十五法《ごいしちじゅうごほう》」という法（存在）の分析で有名なように、法を重視するので、ブッダも法の傘下《さんか》に入る。つまり、「法中心」である。こうして「ブッダの足の怪我」に、まったく異なる解釈が並立してしまったのである。

業の消滅　業の原則に忠実な説一切有部にあっても、業が相殺されるという例外的な用例が存在した。規律が乱れた世にあっては、また業の因果を信じない人には、「自業自得」「業の不可避性」「業の不相殺性」などの原則は有効に機能する。しかし、心の底から本当に深く自分の非を悔い改めている人に、それらの原則の適用は、傷口に塩を塗り込むようで、過酷すぎる場合もあったに違いない。

仏教における説法の基本的立場は、「対機《たいき》説法《せっぽう》」である。相手を見て説法し、相手を無視して一律に同じ法を説くことはない。とすれば、業の原理原則は最大限尊重しながらも、相手によっては例外的な法を適用することもあったのではないか。

これは仏典の記述に一貫性がないからどちらかが間違っていると批判するのではなく、当時の仏教徒が苦しむ人々や仏教を信じない人々と真摯に向かい合ってきたことの証左と理解すべきである。

業果は不可思議　以上、述べてきたことを端的に表現している経典の文章を紹介しよう。『増支部』においてブッダは、「比丘たちよ、業の果報は不可思議であり、思惟すべきではない。これを思惟する者は、狂乱や悩害を有する者となろう」（AN ii 80.20–22）と説いている。結局、最後は「業果は思惟できない」ということになるので、すべてを業で説明しようとするのは危険であると言えよう。

帰納法か演繹法か

以上のように、どの局面をとっても、業に関する思想には矛盾や齟齬《そご》が存在している。では、この矛盾や齟齬が何を意味しているのかを、演繹法と帰納法という観点から考えてみよう。

演繹法で業思想をとらえると、自業自得などの原理原則が前提としてまずあり、それに基づいて経典や説話が創作されていることになるが、すでにみたように、例外的な用例はかなりあった。よって、演繹法による業の理解は、例外的用例を説明できず、出発点となる前提（業の原理原則を客観的事実とみなすこと）がそもそも間違っていることになる。

一方、帰納法で業思想を見るとどうなるか。仏典のあちこちで「多くの例外的用例が存在する」という事実から出発すれば、「業を普遍的法則や客観的事実とみなすことはできない」、換言すれば「仏教の業思想は主観的事実（私にとってのみ意味のある事実）と理解すべきである」という結論に至る。仏教の業思想は帰納的に理解すべきではないか、というのが私の見解である。

業思想は、出家者であれ在家者であれ、現実の苦を克服するために編みだされた理論であり、人間の行為すべてを普遍的に説明しつくす客観的法則として考えだされたわけではない。原理原則を無視して経典や説話は創作されないが、しかし原理原則を百パーセント反映して経典や説話が創作されるわけでもないのである。

娑婆を生き抜くために

この世界は娑婆（忍土）である。この娑婆には、我々の想像をはるかに越える事件・事故・災害が当然のことのように起こる。なぜ、あの痛ましい事件が起こったのか。あの事故で、どうして私の大切な人だけが命を落としたのか。この地方だけが災害に見舞われた理由は何か。あげれば、きりがない。

一方、そこに住まう人間は、意味や理由を求める動物である。意味を見出せないときや理由がわからないとき、人間は不安になり頭を抱え込む。人間の智など高がしれているが、それでも、ない頭（智恵）を絞って、その理由や意味を考える。

シベリア強制収容所やアウシュビッツ強制収容所では、ある場所に穴を掘らせた後、数時間してからその穴を埋めさせ、これを毎日繰り返させるという拷問があったと聞く。ドストエフスキーの『死の家の記録』にもでてくるが、この無意味な労働を強いられた人は発狂したり、死んだりした者もいたと言う。意味や理由を求める人間にとって、無意味な作業はまさに〈死〉を意味する。

『夜と霧』の中で作者フランクルは次のように述べている。

強制収容所における人間を内的に緊張せしめようとするには、先ず未来のある目的に向って緊張せしめることを前提とするのである。囚人に対するあらゆる心理治療的あるいは精神衛生的努力が従うべき標語としては、おそらくニーチェの「何故生きるかを知っている者は、殆どあらゆる如何に生きるか、に耐えうるのだ。」という言葉が最も適切であろう。すなわち囚人が現在の生活の恐ろしい「如何に」（状態）に、つまり収容所生活のすさまじさに、内的に抵抗に身を維持するためには何らかの機会がある限り囚人にその生きるための「何故」をすなわち生活目的を意識せしめねばならないのである（フランクル［1961: 182］）。

不合理がまかりとおる娑婆で、意味や理由を求めずにはおれぬ人間が、何とか希望を失わずに生活していくためには、その両者（娑婆（非合理・不合理）と人間（合理））を切り結ぶ工夫が必要になるが、それこそが業思想、とりわけ業報輪廻思想だったと考えられる。

その理由づけや意味づけのため、神話の力に頼ることは、現代社会においてはあまりに情緒的すぎるので、それを反対側に引き戻し、この不可解な社会現象を少しでも知性的かつ理性的に理解しようとしたとき、仏教が長い年月をかけて構築してきた業の思想は有効に機能するし、これまでもしてきたはずだ。

神話の領域には安易に踏み込まず、ギリギリのところで知性・理性の領域に踏みとどまりながら、この非合理で不合理な現実を可能なかぎり合理的に理解しようとするための知的営み、それが本書で見てきたように、仏教の業思想の体系とは言えまいか。

「業思想、とくに業報輪廻思想は、知性・理性が産みだした合理的神話である」というのが本書を書きおえての、素直な私の感想である。

おわりに

本書は、学長になってから、実質的に三冊目の著書である。前々著『大乗経典の誕生―仏伝の再解釈でよみがえるブッダ―』（二〇一五年）に続き、同じく筑摩選書からの出版となった。

高等教育に世間の厳しい目が向けられる昨今、「大学行政で忙しいはずなのに、学長になって著書を出版するとはけしからん！」と言う本学教員がいた（そうです）。そうかもしれぬ。そこで、少し弁解を（させて下さい）。

まずは、本務の大学行政を疎かにして執筆したわけでは決してない。たしかに激務である。ストレスも多い。孤独である。そんな中で精神のバランスを保とうとすれば、ストレスマネジメントが必要だ。その方法は人によって違うが、私の場合は、学術的な〈何か〉と関わっている自分を確認することである。だから、こまめに時間のやりくりをしながら、ほそぼそと、しかし着実に書き続けてきた。

だが、研究書をまとめるとなると、相当の覚悟と時間が必要なため、それをやれば本務に支障をきたす。よって、しばらくそれは封印（します）。まとめたい研究もいくつかあるが、とりあえず今は過去の蓄積（といっても、そんなにはございませんが）を駆使し、一般書の出版を目指すことにした。何のために（でしょうか）。

大学教員には、学長も含め、研究と教育の他に、第三の使命として社会貢献がある。本書は研究書ではなく、仏教の教えをわかりやすく（なっていればいいのですが）解説した一般書であるから、私はこれを自分の社会貢献活動と位置づけている。一般書であっても、アカデミズムから完全には撤退したくない。

そう思うようになったのには、ちょいとわけが（あるのです）。二〇一一年から三年間、副学長を任された。それも大変だったが、何とかその重責をこなし、二〇一四年から学長に（なってしまいました）。そのさい、本学職員の中村里江子さんから、カードに手書きされた吉野弘の詩「自分自身に」をプレゼントされる。

他人を励ますことはできても
自分を励ますことは難しい
だから――というべきか
しかし――というべきか
自分がまだひらく花だと

思える間はそう思うがいい
すこしの気恥ずかしさに耐え
すこしの無理をしてでも
淡い賑やかさのなかに
自分を遊ばせておくがいい

学長になったらすべてをあきらめ、大学行政に専念しようと考えていたが、これを見て気持ちが変わった。〈自分で「まだひらく花だ」と思えるあいだは、大学行政と学術（たとえ、その末端であっても）とをできるところまで突き詰めてみたい。自分で自分を励ますのであるから、気恥ずかしさはたしかにあるが、少し無理をしてでも淡い賑やかさの中に自分を遊ばせてみよう〉と（里江子さん、ありがとう！）。

私には研究者としての矜持もある。簡単には捨てられない。大学行政でストレスを感じても、その負のエネルギーを有効活用し、たとえ一般書であっても著書を出版して、そこから生じる正のエネルギーを大学行政に生かせれば、一石二鳥ではないか。いつまで続くかわからないが、ここは大谷翔平と根競べ（大谷よ、勝負！　勝負！）、と言いたいところだが、格が違うので止めておこう。

なお、本書をまとめるには、ちょいときっかけが（ありました）。二〇一三年、浄土宗僧侶の人権啓発を目的に、浄土宗から『業を見すえて』という書を出版した。しかし、分量も少なく、また人権啓発という所定の編集方針もあり、自分が表現できる文字数や内容は限られていた。

編集会議などでインド仏教から日本仏教に至る業思想を先輩三名と整理していくにしたがい、もっと自由に自分の考えを表現してみたくなった。そして前々著『大乗経典の誕生』の執筆中、骨休め的に本書の目次を作成したことが、その濫觴となっている。

よって、本書出版に当たっては、そのときに得た知識や経験がもとになっていることを、ここで特記しておきたい。とりわけ、恩師の佛教大学教授・本庄良文先生からは、そのときも、また本書をまとめるときも、有益な示唆を多々頂戴した（この方、只者ではありません！）。この紙面を借りて感謝申し上げる。

最後になったが、今回も筑摩書房の伊藤大五郎氏には甚深の謝意を表したい。今回の構想をお話しすると、たいへん興味を示され（演技でないことを祈ります！）、出版に向けて挫《くじ》けそうになる私のモチベーションを最後までキープして下さった。伊藤さん、今回もありがとうございました。多謝！

平岡　聡

二〇一六年八月二十七日

引用文献ならびに主要参考文献

赤沼智善　1981.「釈尊の四衆について」『原始佛教之研究（復刻版）』京都：法蔵館，383–430.
荒　和雄　2009.『よい世襲、悪い世襲』東京：朝日新聞出版.
一郷正道　2001.「仏教に触れる道」『仏教学セミナー』74, 1–19.
岩本　裕　1980.『仏教と女性（レグルス文庫123）』東京：第三文明社.
大塚公子　1992.『あの死刑囚の最後の瞬間』東京：ライブ出版.
榎本文雄　1978.「āsravaについて」『印度学仏教学研究』27–1, 158–159.
梶山雄一　1983a.『空の思想：仏教における言葉と沈黙』京都：人文書院.
――　1983b.『「さとり」と「廻向」：大乗仏教の成立（講談社現代新書711）』東京：講談社.
――　1989.『輪廻の思想』京都：人文書院.
河合隼雄　1992.『河合隼雄　その多様な世界：講演とシンポジウム』東京：岩波書店.
――　1998.『こころの処方箋（新潮文庫）』東京：新潮社.
雲井昭善　1979.『業思想研究』京都：平楽寺書店.
三枝充悳　1990.『仏教入門』東京：岩波書店.
――　1999.『ブッダとサンガ：〈初期仏教の原像〉』京都：法蔵館.
坂本（後藤）純子　2015.『生命エネルギー循環の思想：「輪廻と業」理論の起源と形成（RINDAS伝

統思想シリーズ24）』京都：龍谷大学現代インド研究センター.
桜部　建　1974.「功徳を廻施するという考え方」『仏教学セミナー』20, 93–100.
佐々木現順　1980.『業の思想（レグルス文庫128）』東京：第三文明社.
佐々木閑　1996.「比丘になれない人々」『花園大学文学部研究紀要』28, 111–148.
——　2000.『インド仏教変移論：なぜ仏教は多様化したのか』東京：大蔵出版.
佐治晴夫　2004.『対談「わかる」ことは「かわる」こと』東京：河出書房新社.
定方　晟　1973.『須弥山と極楽：仏教の宇宙観（講談社現代新書330）』東京：講談社.
下田正弘　1997.『涅槃経の研究：大乗経典の研究方法試論』東京：春秋社.
佐藤弘夫　2008.『日蓮「立正安国論」全訳注（講談社学術文庫1880）』東京：講談社.
浄土宗　2013.『業を見すえて（浄土宗人権教育シリーズ5）』京都：浄土宗出版.
杉本卓洲　1993a.『菩薩：ジャータカからの探求（サーラ叢書29）』京都：平楽寺書店.
——　1993b.『撰集百縁経（新国訳大蔵経・本縁部2）』東京：大蔵出版.
田村芳朗　1980.「代受苦：菩薩と苦」『仏教思想5（苦）』京都：平楽寺書店.
辻直四郎　1967.『インド文明の曙：ヴェーダとウパニシャッド（岩波新書）』東京：岩波書店.
——　1970.『リグ・ヴェーダ讃歌（岩波文庫）』東京：岩波書店.
中坊公平　1999.『罪なくして罰せず』東京：朝日新聞社.
中村　元　1963.『浄土三部経　上（大無量寿経）』東京：岩波書店.
——　1968.『インド思想史・第2版（岩波全書213）』東京：岩波書店.
——　1970.『原始仏教』東京：日本放送出版協会.
——　1988.『インド人の思惟方法：東洋人の思惟方法Ⅰ（中村元選集［決定版］第1巻）』東京：春秋社.

——— 1993.『原始仏教の思想：原始仏教5（中村元選集［決定版］第15巻）』東京：春秋社.

中村元・早島鏡正 1963.『ミリンダ王の問い1：インドとギリシアの対決（東洋文庫7）』東京：平凡社.

並川孝儀 1998.「仏教の行為論とその研究意義」『佛教大学報』48, 22-25.

——— 2001.「ブッダの過去の悪業とその果報に関する伝承」『仏教学浄土学論集（香川孝雄博士古稀記念論集）』京都：永田文昌堂.

——— 2005.『ゴータマ・ブッダ考』東京：大蔵出版.

干潟龍祥 1981.『ジャータカ概観』東京：春秋社.

干潟龍祥・高原信一 1990.『ジャータカ・マーラー〈本生談の花鬘〉（インド古典叢書）』東京：講談社.

平岡 聡 2002.『説話の考古学：インド仏教説話に秘められた思想』東京：大蔵出版.

——— 2007a·b.『ブッダが謎説く三世の物語：『ディヴィヤ・アヴァダーナ』全訳』（全2巻）東京：大蔵出版.

——— 2008.「アングリマーラの〈言い訳〉：不合理な現実の合理的理解」『仏教学セミナー』87, 1-28.

——— 2010.「インド仏教における差別と平等の問題：業報輪廻説の功罪」『京都文教大学臨床心理学部研究報告』2, 65-74.

——— 2012.『法華経成立の新解釈：仏伝として法華経を読み解く』東京：大蔵出版.

——— 2015.『大乗経典の誕生：仏伝の再解釈でよみがえるブッダ』東京：筑摩書房.

平川 彰 1989a.『初期大乗と法華思想（平川彰著作集第6巻）』東京：春秋社.

——— 1989b.『初期大乗仏教の研究 I（平川彰著作集第3巻）』東京：春秋社.

——— 1990.『初期大乗仏教の研究 II（平川彰著作集第4巻）』東京：春秋社.

——— 1995.『二百五十戒の研究 Ⅳ（平川彰著作集第17巻）』東京：春秋社.
藤田紘一郎 1998.「「共生」の健康学：ヒトは微生物を排除して生きられるか」『季刊仏教（No. 43）：特集・共生の思想』京都：法蔵館.
藤本　晃 2006.『廻向思想の研究：餓鬼救済物語を中心として』浜松：国際仏教徒協会.
——— 2007.『死者たちの物語：『餓鬼事経』和訳と解説』東京：国書刊行会.
舟橋一哉 1954.『業の研究』京都：法蔵館.
フランクル、ヴィクトール 1961.『夜と霧：ドイツ強制収容所の体験記録』東京：みすず書房.
本庄良文 2015.「輪廻する生き物たち」／青原令知（編）『倶舎：絶ゆることなき法の流れ（龍谷大学仏教学叢書４）』京都：自照社出版.
増谷文雄 1971.『業と宿業（講談社現代新書244）』東京：講談社.
水野弘元 1972.『仏教要語の基礎知識』東京：春秋社.
八尾　史 2013.『根本説一切有部律薬事』東京：連合出版.
山崎守一 2010.『沙門ブッダの成立：原始仏教とジャイナ教の間』東京：大蔵出版.
山下博司 2014.『古代インドの思想：自然・文明・宗教（ちくま新書1098）』東京：筑摩書房.
山本周五郎 2008.『雨あがる』東京：角川春樹事務所.
湯田　豊 2000.『ウパニシャッド：翻訳および解説』東京：大東出版社.
養老孟司 1989.『唯脳論』東京：青土社.
渡辺研二 2005.『ジャイナ教：非所有・非暴力・非殺生　その教義と実生活』東京：論創社.
Nattier, J. 1991. *Once upon a Future Time: Studies in a Buddhist Prophecy of Decline*, Fremont: Asian Humanities Press.
——— 2003. *A Few Good Men: The Bodhisattva Path according to the Inquiry of Ugra* (Ugraparipṛ

cchā), Honolulu: Univ. of Hawai'i Press.

Olivelle, P. 1998. *The Early Upanisads: Annotated Text and Translation*, Oxford: Oxford University Press.

de La Vallée Poussin, L. 1927. *La morale bouddhique*, Paris.

平岡聡（ひらおか・さとし）

一九六〇年京都市生まれ。佛教大学文学部仏教学科卒業。ミシガン大学アジア言語文化学科留学。佛教大学大学院文学研究科博士課程満期退学。京都文教大学教授を経て、現在、京都文教大学学長、京都文教学園学園長。著書に『大乗経典の誕生』（筑摩選書）、『ブッダと法然』（新潮新書）、『法華経成立の新解釈』（大蔵出版）などがある。

連絡先　〒611―0041　宇治市槇島町千足80
　京都文教大学

e-mail　hiraoka@po.kbu.ac.jp

筑摩選書 0137

〈業《ごう》〉とは何《なに》か　行為《こうい》と道徳《どうとく》の仏教《ぶっきょう》思想史《しそうし》

二〇一六年一〇月一五日　初版第一刷発行

著　者　平岡聡《ひらおかさとし》

発行者　山野浩一

発行所　株式会社筑摩書房
東京都台東区蔵前二‐五‐三　郵便番号　一一一‐八七五五
振替　〇〇一六〇‐八‐四一二三

装幀者　神田昇和

印刷 製本　中央精版印刷株式会社

乱丁・落丁本の場合は左記宛にご送付ください。

送料小社負担でお取り替えいたします。

ご注文、お問い合わせも左記へお願いいたします。

筑摩書房サービスセンター
さいたま市北区櫛引町二‐六〇四　〒三三一‐八五〇七　電話　〇四八‐六五一‐〇〇五三

 Printed in Japan　ISBN978-4-480-01645-4　C0315

筑摩選書 0003

荘子と遊ぶ　禅的思考の源流へ

玄侑宗久

『荘子』はすこぶる面白い。読んでいると「常識」という桎梏から解放される。それは「心の自由」のための哲学だ。魅力的な言語世界を味わいながら、現代的な解釈を試みる。

筑摩選書 0007

日本人の信仰心

前田英樹

日本人は無宗教だと言われる。だが、列島の文化・民俗には古来、純粋で普遍的な信仰の命が見てとれる。大和心の古層を掘りおこし、「日本」を根底からとらえなおす。

筑摩選書 0009

日本人の暦　今週の歳時記

長谷川 櫂

日本人は三つの暦時間を生きている。本書では、季節感豊かな日本文化固有の時間を歳時記をもとに再構成。四季の移ろいを慈しみ、古来のしきたりを見直す一冊。

筑摩選書 0025

芭蕉　最後の一句　生命の流れに還る

魚住孝至

清滝や波に散り込む青松葉――この辞世の句に、どのような思いが籠められているのか。不易流行から軽みへ、境涯深まる最晩年に焦点を当て、芭蕉の実像を追う。

筑摩選書 0035

生老病死の図像学　仏教説話画を読む

加須屋誠

仏教の教理を絵で伝える説話画をイコノロジーの手法で読み解くと、中世日本人の死生観が浮かび上がる。生活史・民俗史をも視野に入れた日本美術史の画期的論考。

筑摩選書 0036

伊勢神宮と古代王権　神宮・斎宮・天皇がおりなした六百年

榎村寛之

神宮をめぐり、交錯する天皇家と地域勢力の野望。王権は何を夢見、神宮は何を期待したのか？　王権の変遷に翻弄され変容していった伊勢神宮という存在の謎に迫る。

筑摩選書 0038

救いとは何か

森岡正博
山折哲雄

この時代の生と死について、救いについて、人間の幸福について、信仰をもつ宗教学者と、宗教をもたない哲学者が鋭く言葉を交わした、比類なき思考の記録。

筑摩選書 0043

悪の哲学

中国哲学の想像力

中島隆博

孔子や孟子、荘子など中国の思想家たちは「悪」について、どのように考えてきたのか。現代にも通じるこの問題と格闘した先人の思考を、斬新な視座から読み解く。

筑摩選書 0044

さまよえる自己

ポストモダンの精神病理

内海 健

「自己」が最も輝いていた近代が終焉した今、時代を映す精神の病態とはなにか。臨床を起点に心や意識の起源に遡り、主体を喪失した現代の病理性を解明する。

筑摩選書 0049

身体の時間

〈今〉を生きるための精神病理学

野間俊一

加速する現代社会、時間は細切れになって希薄化し、心身に負荷をかける。新型うつや発達障害、解離などの臨床例を検証、生命性を回復するための叡智を探りだす。

筑摩選書 0071

一神教の起源

旧約聖書の「神」はどこから来たのか

山我哲雄

ヤハウェのみを神とし、他の神を否定する唯一神観。この観念が、古代イスラエルにおいていかにして生じたのかを、信仰上の「革命」として鮮やかに描き出す。

筑摩選書 0082

江戸の朱子学

土田健次郎

江戸時代において朱子学が果たした機能とは何だったのか。この学の骨格から近代化の問題まで、思想界に与えたインパクトを再検討し、従来的イメージを刷新する。

筑摩選書
0093

キリストの顔
イメージ人類学序説

水野千依

見てはならないとされる神の肖像は、なぜ、いかにして描かれえたか。キリストの顔をめぐるイメージの地層を掘り起こし、「聖なるもの」が生み出される過程に迫る。

筑摩選書
0098

日本の思想とは何か
現存の倫理学

佐藤正英

日本に伝承されてきた言葉に根差した理知により、今・ここに現存している己れのよりよい究極の生のための地平を拓く。該博な知に裏打ちされた、著者渾身の論考。

筑摩選書
0112

刺さる言葉
「恐山あれこれ日記」抄

南 直哉

死者を想うとはどういうことか。生きることの苦しみは何に由来するのか。〝生きて在ること〟の根源を問い続ける著者が、寄る辺なき現代人に送る思索と洞察の書。

筑摩選書
0120

生きづらさからの脱却
アドラーに学ぶ

岸見一郎

われわれがこの社会で「生きづらい」と感じる時、何がそうさせているのか。いま注目を集めるアドラー心理学の知見から幸福への道を探る、待望の書き下ろし！

筑摩選書
0121

芭蕉の風雅
あるいは虚と実について

長谷川櫂

芭蕉の真骨頂は歌仙の捌きにこそある。芭蕉にとって歌仙とは、現実の世界から飛翔し風雅の世界にあそぶことであった。「七部集」を読みなおし、蕉風の核心に迫る。

筑摩選書
0122

大乗経典の誕生
仏伝の再解釈でよみがえるブッダ

平岡 聡

ブッダ入滅の数百年後に生まれた大乗経典はどんな発想で作られ如何にして権威をもったのか。「仏伝」をキーワードに探り、仏教史上の一大転機を鮮やかに描く。